河出書房新社

● プロローグ ●

はじめまして
旅するトナカイフサコです
とある夏
はじめての北欧ひとり旅へ
ヘルシンキおっしゃれー!
帰国後は旅の思い出を漫画にしてブログに公開していきました
すると縁があって…
北欧トークショーしませんか?
トークショー!?
ほ…北欧について私が何を話せば…!
悩んでいたある日…
はっ
タルちゃん!!
【タルちゃん】
日本在住フィンランド人
トナカイフサコの元同僚
一緒にトークショーに出て!!
?
よく分からないけどいいですよ〜

本場フィンっ子に
フィンランドのこと
聞けるチャンスなんて
滅多にない！
フィンランドの
暮らしとか
文化について
教えてよ
そうですねー
すると
今まで知らなかった
フィンランドのことが
次々と！
ウィンタースポーツ
サウナ
白夜
トークショーは
つつがなく
終わったのですが…
フィンランドについて
知れば知るほど
気になることが
出てくる！
極夜
オーロラ
もっといろいろ
タルちゃんに
聞きたい!!
サンタさん
トナカイ
そしてもう一度…
今度は冬の
フィンランドに
行ってみたい！
…ということで
再びフィンランドへ
夏の都会・ヘルシンキと
冬の田舎・ラップランド
フィンランドの2つの顔を
味わってきました
Lapland
Helsinki
トナカイフサコの
ひとり旅の体験記を
タルちゃんの
解説付きで
お届けします！

タルちゃんに聞く フィンランド四季のオススメ

フィンランドにも、日本と同じく四季があります！ 夏と冬だけでなく、他の季節にも魅力はたくさんありますよ！

春

フィンランドは**3月頃から春**です。もちろん日本ほどは暖かくありません。

4月頃には**復活祭（イースター）**があります。子どもたちが仮装をして道端に生えている柳の枝をかわいくデコレーションし、近所の方にお菓子と引き換えに幸運をもたらすおまじないをかけにでかける伝統行事がありますが、ご近所での行事なので観光で出会うのは難しいかもしれません。

5月1日のメーデーは、ヘルシンキやトゥルクなど大学が集まる都市で、街全体が陽気に酔っぱらう日です。ヘルシンキの大通りが人で溢《あふ》れかえります！ 高校卒業生は卒業の証である白い帽子を、大学生たちは所属学部ごとに揃えたオーバーオールを着て街を練り歩きます。**街全体がフェス状態**で、昼からお酒を飲んで楽しみます。

夏

夏はバカンスシーズンです。フィンランド人はコテージに行ってセーリングをしたり、海外旅行をして過ごします。

日本と同様に夏には**音楽フェス**が開かれます。他にも**「長靴投げ大会」「奥様運び世界選手権」**など独特のおもしろい大会も各地で行われます。食べ物は**青空市場**に並ぶイチゴや、日本でもおなじみの**バーベキュー、アイスクリーム屋台**も出始めます。なんとフィンランドは、アイスクリーム消費量が世界でもトップレベルなんですよ！

伝統行事としては、6月後半の**夏至祭**があります。大きな焚き火を作ったり、サウナに入ったり、お酒を飲んだりして過ごします。ヘルシンキでも焚き火が複数箇所に作られ、音楽の演奏や社交ダンスイベントも開催されます。

秋

9月は雨が多いので、旅行時期としてはあまりオススメできませんが、お店にはカラフルなレインブーツが出回ります。

雨の時期が終わると、**紅葉シーズン**。日本の紅葉は紅・橙・緑が入り混じる風景が美しいですが、フィンランドは木だけでなく地面の草も一斉に紅葉して、一面オレンジ色の風景が美しいです。街路樹も美しいですが、足を伸ばして自然の風景も楽しんでください。

この時期にはクランベリーやリンゴンベリーなどの**ベリー狩り**や**キノコ狩り**も楽しめます。日本のように農家でお金を払って摘むのではなく、**野山の中で自然に実ったベリーを採るのがフィンランド流**です。

また、運が良ければこの時期から北部のラップランド地方で**オーロラ**が見られます！

冬

冬は**オーロラ鑑賞のハイシーズン**。オーロラ以外にも見所はたくさんあります！

そり滑りやクロスカントリースキー、アイススケートなどの**ウィンタースポーツ**が豊富です。南フィンランドでは1月半ばまで雪が積もらない年が多いので、それ以前なら北部のラップランドで。ヘルシンキで楽しみたければ〝laskiainen（**滑り祭**）〟を楽しんでください。2月末～3月初頭、元老院広場に子どもから大人まで集まってそり滑りをするイベントです！

クリスマス関連では、北部のロヴァニエミという都市にある**サンタクロース村**が有名です。ただしクリスマスはフィンランドでは家族行事なので、都心のお店などは閉まってしまいます。雪や氷でランタンを作ったり、**氷のホテル**などが楽しめるのもこの季節ならではです。

タルちゃんに聞く フィンランド歳時記

フィンランドには、日本にはない独特の行事がありますメジャーなフィンランドのイベントをご紹介します！

1月 お正月

花火が打ち上げられ、みんなで楽しみます。

6月 夏至祭

コテージで焚き火を起こして独特のおまじないを行います。

6月 5月 4月 3月 2月 1月

2月 滑り祭り

老若男女がソリやスキーで坂を滑り降りる日です。グリーンピーススープと、セムラというお菓子を食べます。

4月 復活祭

子どもたちは仮装し、飾り付けた柳の枝を持って近所の人たちに幸運のおまじないをかけて回ります。

5月 メーデー

国民的なお祭り。大学のある街に集まり、昼間からお酒を飲みます！

極夜旅行で食べたやつ！

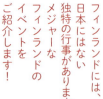

12月 スキー休暇

クロスカントリーやウィンタースポーツをして過ごします。

9月 雨の季節

秋は雨の季節でイベントもないのでフィンランド人はテンションダウン…。

12月 11月 10月 9月 8月 7月

9月 紅葉&ベリー

野山でベリー狩りをして自宅の一年分のベリーを保管します。

6～8月 夏休み

人々は郊外のコテージや旅行へ。街中は人影が疎らになります。

12月 クリスマス

フィンランドでは家族と過ごします。クッキーや伝統的なタルトを焼いて、ホットワインを飲みます。

フィンランドといえばトナカイ！

冬季限定ムーミン スノーキャッスル
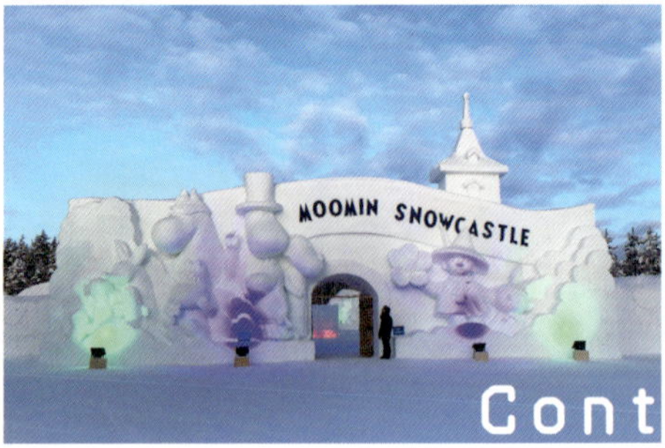

Contents

プロローグ 2
フィンランド四季のオススメ 4
フィンランド歳時記 6

白夜旅行

#1 行ってみようフィンランド 9
タルちゃんにききたい！フィンランド① 16
#2 ヘルシンキの見どころ 17
タルちゃんにききたい！フィンランド② 38
#3 ヘルシンキの食べどころ 39
タルちゃんにききたい！フィンランド③ 48
#4 本場のサウナ 49
タルちゃんにききたい！フィンランド④ 58
#5 ヘルシンキを乗りこなす 59
タルちゃんにききたい！フィンランド⑤ 64
#6 白夜にて 65
タルちゃんにききたい！フィンランド⑥ 71
白夜旅行 こぼれ話 72

極夜旅行

#1 冬のラップランド 73
タルちゃんにききたい！フィンランド⑦ 78
#2 イナリに泊まろう 79
#3 サンタクロースのロヴァニエミ 103
タルちゃんにききたい！フィンランド⑧ 118
#4 ヘルシンキ・リベンジ 119
極夜旅行 こぼれ話 130
#5 極寒対策 131
タルちゃんにききたい！フィンランド⑨ 136

旅のしおり 137

あとがき 150

大聖堂を臨むショッピング街

マリメッコの店舗は外観もキュート

エストニアの首都タリンの街並み

映画「かもめ食堂」ロケ地のレストラン

白夜旅行 #1

行ってみようフィンランド

●行くぞ！　フィンランド！●

はじめまして 旅するトナカイ フサコです
海外 ひとり旅が 大好き！
とある初夏
いろんな国に 旅行 行ったけど 今年は今まで 行ったことない ところ 行きたいなぁ
6
ヨーロッパが 好きだけど… 中でもちょっと 雰囲気違うところ…
うーーーん
…となると フィンランド!?
FINLAND
フィンランドといえば… 映画 『かもめ食堂』の 舞台になっていたり マリメッコ ムーミン などの名物も…
憧れない 訳がない…！
そして フィンランドの 夏は… 「白夜」
ピカーーン
緯度が高い北欧では 夏になると日が沈まない
それって… ずっと起きてる のかな…？
夏は働いて 冬は眠る…
…とかいう 生活だったり して!?
私の理想!!

ネット検索…
飛行機を調べてみよう
カタ カタ
フィンランドはヨーロッパの北の果て
ユーラシアの端同士!!
きっと乗り継ぎとかあって遠いんだろうなあー……
…ん？
関空 KIX → HEL ヘルシンキ
直行
所要時間 10時間15分
ちっか
なんとフィンランドの首都ヘルシンキには日本から直行便が飛んでいて
北極
大阪
ヘルシンキ
すいーっ
北西に直線距離で飛んで行けるフィンランドは「日本から一番近いヨーロッパ」なのです！
地球は丸い…!!
日本に帰る便はたったの9時間半!!
航空券も意外に高くないぞ…
往復 約15万円…!!
ついに……
ついに……
予約
ポチィイイ
行くぞフィンランドおお!!

● フィンエアーで空の旅 ●

北欧旅行といえば
最初の楽しみが…
フィンエアー
FINNAIR
なんと
ブランケットなど
小物がすべて
マリメッコ！
わかってるぅ
出発当日
出発
初めて乗るの
楽しみだな～
ゴロゴロゴロ
FF
フィンエアーは
こっちか
ゴロゴロ
ゴロゴロ
FINNAIR ECONOMY
FINNAIR BAGGAGE
!?
大行列

すごい人気!!
窓口足りてない…
チェックインまで1時間近く並ぶ…
本読んどこ
ずら——
そんな時…フィンエアーはオンラインチェックインが可能です
FINNAIR
名前
予約番号
タルちゃん
搭乗36時間前からサイトで済ませられるので空港で並ぶ必要はありません
えっ……
知らなかった!!
さらにフィンランド入国時も……
わーい北欧上陸ーっ
入国審査に
団体客で大行列
ずら〜〜り
ひえええええ
自分の番がくるまでなんと2時間…!
へろ…
でも実は…日本のパスポート※なら自動レーンが使えます
ピ
EU
日本
のパスポートの専用レーンがあります。
ええっ…
私の2時間…!!

※2021年1月（予定）からはパスポートのほかにETIAS（旅行ビザのようなもの）の事前申請が必要です。詳しくはhttp://etias-euvisa.comへ。

● 電車に乗ってヘルシンキへ ●

入国したら市内への電車を探す
リング レール ライン
Ring Rail Line
電車マークを追って行こう
ヘルシンキ空港
こぢんまりしてて歩きやすいな
案内に沿って歩いていくと
通路の壁面に急に券売機！
クレジット払いなら私の端末でチケット発行できますよ
グーグルマップで宿への行き方を調べて…
えーとえーと…
ちょっと待って…
この駅まで行きたいんです
OK
ピピピ
ピピピ
クレジットカード
シュッ
ビビビビ
TICKET
はいっ
チケットGET!!
ほっ
チケット

トナカイの豆知識　ヘルシンキ空港は第２ターミナルを拡張工事中。のちに再訪した際には電車の券売機は駅ホーム上にあり、車内の電光掲示板も分かりやすくなっていました！

エスカレーターを降りたら改札はなくもうホーム
あら。
ヘルシンキへはP線ですが電車は環状線なのでさいあくどっちに乗っても大丈夫
空港
I線
P線
ヘルシンキ
きゃー
路線図がかわいい
電車はだいたい10分に1本くる
乗り換えあるしちゃんと降りなきゃ…
と思っていても
フィンランド語
Pukinmäki
Oulunkylä
Käpylä
Pasila
めっっちゃむずい
車内の電光掲示板も…
行き先？次の駅？忘れ物にご注意ください的なやつ!?
地図アプリから目が離せない…
むむ…
ふっ…
北欧ってやっぱり針葉樹林なんだ…
夏なのにまだ雪も残ってる……
駅
あぁーっ
…って乗り過ごしたぁあ!!
次のヘルシンキ中央駅がターミナル駅だったので事なきを得ました
ふぅ。

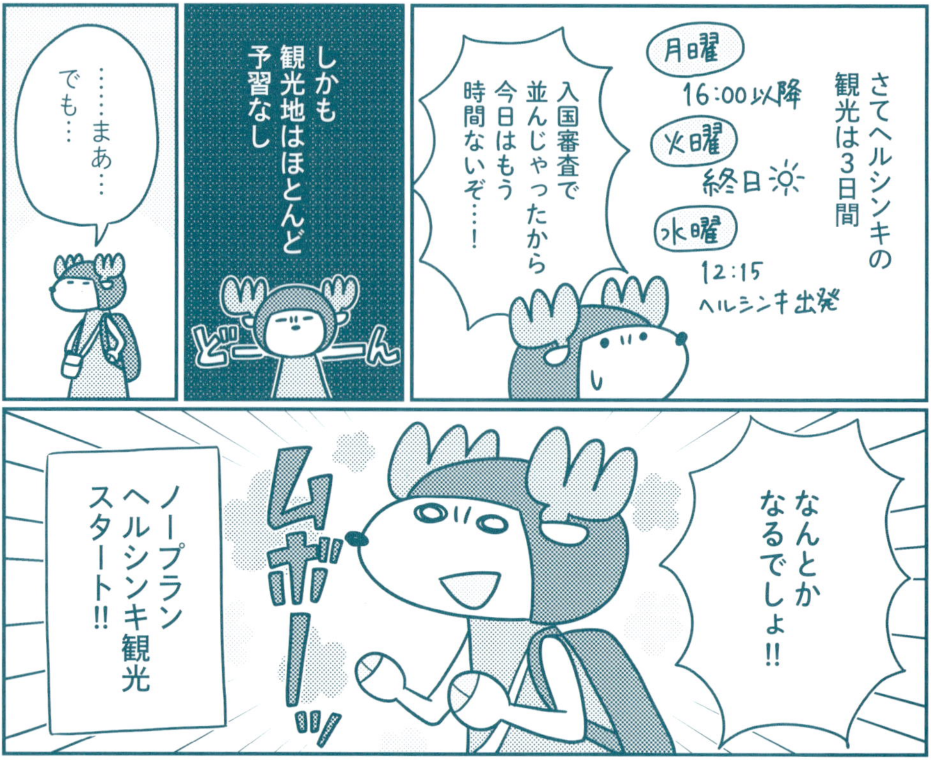
さてヘルシンキの観光は3日間
月曜
16:00以降
火曜
終日
水曜
12:15
ヘルシンキ出発
入国審査で並んじゃったから今日はもう時間ないぞ…！
しかも観光地はほとんど予習なし
どーーん
……まあ…でも…
なんとかなるでしょ!!
ムボーッ
ノープランヘルシンキ観光スタート!!

タルちゃんにききたい！フィンランド 1

Q フィンランドの夏はオススメ？

A オーロラが見たい！　という方以外は、ぜひ夏に訪れてください！

夏は白夜と暖かい日差しのおかげで街中も人も明るくなります。陽気な人で溢《あふ》れているレストランのテラス、新鮮なベリーや野菜が買える青空市場、長い冬眠から目覚めた自然と澄み切った夏の青空のコントラストをぜひ体験していただきたいです。

夏の気候は日本の春に似ています。25℃と暖かい日もあれば、雨が降ると20℃を切る日もあります。昼間は日射が強く、日本の同じ気温より暖かく感じます。

服装は、夜と雨の日は冷え込むので、羽織れる春用コートを持っていくことをおすすめします！　上はTシャツか長袖シャツに持ち歩きできる春用カーディガン、下はパンツやスカートでOK！　ワンピースもOK！　現地の人たちは少し涼しくてもTシャツにショートパンツですが、無理に合わせる必要はありません！　また、フィンランドの町は石畳が多いため、歩きやすい靴がオススメです。

白夜旅行 #2

ヘルシンキの見どころ

● ヘルシンキといえば？ ●

だいたい外国の有名都市にはこれは見ておくべし！　という観光名所がありますよね
自由の女神
サグラダファミリア
小便小僧
万里の長城
などなど…
ヘルシンキの名所といえば…
マリメッコ
日本でもまあ買える…
ムーミンワールド
1人ではちょっと…
ん――…
ピンとこない…
えーっ
こんなときは!!
ガイドブック見てテンション上げよう!!
旅のバイブル
ぱらり…
ぱらり…
ぱたん…
知ってるの
なんっにもなかった…
ええーっ

そう ヘルシンキの観光名所は まだまだメジャーでは ありません
フィンランドの みなさん ごめんなさい でもこれが
現実…!!
幸い今回の旅の 宿泊先は 現地の方のお宅
お世話に なります
ヘルシンキ在住 パアヴィ
ヘルシンキの オススメ ありますか?
Rock Church
岩の教会は 名所よ!! ぜひ見てね!
へー
ぺら ぺら
あと 市場の近くに 新しいショッピング街が できたの これがパンフレット スオメンリンナ島も オススメだし サウナならここが
ぺら ぺら
ぐふ
予定外の 見どころの 多さ…!!
じゃあ早速 行ってきます!
そうね パンフレットは 置いておくから
日本で知られて いないだけで 見るべきものは 盛りだくさん
かっ… かわ い…!!
そんなヘルシンキの 見どころを ご紹介します!

● 美しすぎる岩の教会 ●

ヨーロッパの観光地といえばまずは教会！
リンゴーン
フィンランドはプロテスタント系が主流なので教会があります
まずはパイヴィもオススメの定番中の定番「岩の教会」
Temppeliaukion Kirkko
ヘルシンキ中央駅からトラム（路面電車）で3駅
Sammonkatu駅
※Simonkatuもあるので注意!!
1 or 2 番 トラム
中央駅
Lasipalatsi駅
ちょっと町外れまで来たな…
岩の教会…その名もテンペリアウキオ教会は大きな岩をくりぬいて作られている
ちょっとした丘みたい
入り口の時点で観光客だらけ
やっぱ人気なのか…！
ぞろぞろ
中に入ると…
€3

どーーーん
おおお…！
サァァ…
岩の壁と赤い木の天井そしてそこから差し込む光…
自然と人工物の見事な融合
壇上ではサティの曲のピアノ演奏…
2階席から俯瞰でも観られる
…他に部屋はないのか
所要時間5分
あっさり。
テンペリアウキオ教会
Temppeliaukion kirkko
おおむね 10:00-17:00
イベントで閉館していることも
詳しくはサイトにて
www.temppeliaukionkirkko.fi
入場料 €3
Lutherinkatu 3, Helsinki
+358 9 2340 6320
toolo.srk@evl.fi
1,2番トラム
Sammonkatu駅
徒歩2分

● 静寂のカンピ礼拝堂 ●

続いては…
カンピ礼拝堂
Kampin
Kappeli
ふむ
ふむ
カンピは
ヘルシンキ中央駅の隣の駅
賑やかなショッピング街
ワイ
ワイ
ヘルシンキ
中央駅から
徒歩5分
中央駅
ショッピング
センターが
集まるだけでなく
近くには
ヘルシンキ市立
美術館や
自然史博物館も
ある文化地区
でも美術館は
時間ないから
パス…!
ぴゅー
礼拝堂がある
雰囲気じゃない
けどな…?
と思っていたら
がやがや
がやがや
駅前広場のすみっこに
カンピ礼拝堂!

タルちゃんの豆知識 フィンランドの国教は、フィンランド福音ルター派教会（国民の半数以上）とフィンランド正教会（約１％）です。スウェーデンの領土だった時代にキリスト教が持ち込まれました。

オレンジ色の木の曲線が美しい
ほー…
繭《まゆ》みたい…
横の通路から入場
入場無料
キィ…
外の喧騒が嘘のように中は静か…
木のいい香り…
街の喧騒の真ん中で
ほぅ…
この空間は落ち着くなぁ……

しん…

カンピ礼拝堂
Kampin kappeli

月〜金 8:00-20:00
土・日　10:00-18:00
入場無料

Simonkatu 7, Helsinki
+358 50 578 1136
kampinkappeli@evl.fi
https://www.kampinkappeli.fi

● 大聖堂とショップ街 ●

まずはヘルシンキのランドマーク…
どん
ヘルシンキ大聖堂!
続いて…ヘルシンキといえば港!
港の周辺も見どころはたくさん
ヘルシンキ大学駅
このゾーン
ブランドショップいっぱい〜
ヘルシンキの銀座だな!
扉開いてる
そろ…
おぉ…!
そうごーーん
ぱしゃ
ぱしゃ
ぱしゃ
さすが大聖堂…!
ステキー…

ヘルシンキ大聖堂
Helsingin tuomiokirkko

おおむね9:00-18:00 詳しくはサイトにて
https://helsingintuomiokirkko.fi
入場無料

Unioninkatu 29, Helsinki
+358 9 2340 6120

そしてやっぱり所要時間1分
フィンランドの教会……すぐ見終わる…!!

大聖堂から海側へ下ると お隣には…
TORI KORT TELIT
パンフが スーパー かわいい
行政に使われていた 建物をリフォームし 2017年に完成した かわいいショッピング街
カフェや
雑貨屋などが軒を連ねる
中でもオススメのショップが カウニステ！
kauniste
open
次なるマリメッコ的な やさしい風合いの ファブリックブランド
東京にも お店が オープンしたし これから 流行るかも!?
カウニステ
kauniste
火〜金 11:00-18:00
土　　 11:00-16:00
日・月・祝・年末年始 定休
Aleksanterinkatu 28,
Helsinki
+358 40 9619090
http://kauniste.jp

● マーケット広場と船着き場 ●

さらに海辺まで行くと
マーケット広場
赤色テントがたくさん！
食べ物はもちろん
5€
手作り雑貨やお土産も売っているし
サーモンスープなどの飲食店コーナーも
Salmon Soup

マーケット広場
Kauppatori

月〜金 6:30-18:00
土 6:30-16:00
日 10:00-17:00
（夏季のみ）

Eteläranta, Helsinki
+358 9 310 23565
tukkutori@hel.fi

トラム2番
Kauppatori駅

地元の人も観光客も多いんだなー
そして人のみならずカモメが多い
ばさ
ばさ
鳥よけネット
おっ…襲ってこないよね…
ドキ
ドキ

市場まで来たら…
Suomenlinna
世界遺産!!
スオメンリンナ島も行っとくか…!
ヘルシンキの南に浮かぶ島で
マーケット広場からフェリーで約20分
15~20分
スオメンリンナ
フェリーの出港はまだ時間あるな
15 min Suomenlinna
小腹すいたな~マーケット広場でなんか買お
ベリーの盛り合わせを
ふう
砂が残ってるので水で流しながら…
甘酸っぱー!
そんでベリー類のバリエーションさすがー!!
ブルーベリー
ラズベリー
イチゴ
ぽ
ぽぽぽー!!
そろそろフェリーの時間
フェリー待ち
ずらーりン
スオメンリンナ島すごい人気!!

● 歴史のスオメンリンナ島 ●

マーケット広場を出たフェリーは小さい島々の間を進む
メルヘン〜
別荘かな…絵本の世界みたい……
20分で島に到着
帰りのフェリーの時間みとこ
島は緑が豊富で遠足スポットになっている
古い建物が残っているところは
CAFE
カフェや
ショップが入っている
スオメンリンナ島は元は要塞の島
数々の戦争でこの島がフィンランドを守ってきた…
そんな歴史を学べる施設が
軍事博物館
日本語解説あります
フィンランドがスウェーデンの一部だった時代にここがロシアとの攻防の要所だったのか……

タルちゃんの豆知識
フィンランド語でフィンランドは「スオミ(Suomi)」と言います。

同じチケットで潜水艦ヴェシッコ号の博物館にも入れます
博物館は夏季のみ

復元された潜水艦の内部を体感
ゴポゴポ
ブ〜ン…
ちょっと怖い…

すし詰め
こんな狭い空間に何日もいたなんて…！
トイレの部分が出口
……出口だけに…
ロシアに百年以上占領されたのち1917年に独立を果たしたフィンランド

独立後「スウェーデンの城塞」という名前だったこの島をスオメンリンナ…「スオミ(フィンランド)の城塞」と改名したのは
フィンランドの方の深い想いが表れている気がします

軍事博物館
Sotamuseon Maneesi
11:00-18:00

潜水艦 ヴェシッコ号
Sukellusvene Vesikko
11:00-18:00 ※夏季のみ

詳しくはサイトにて
http://www.suomenlinna.fi/en/opening-hours

共通入場券 €7

● カフェ パイパーのテラス席 ●

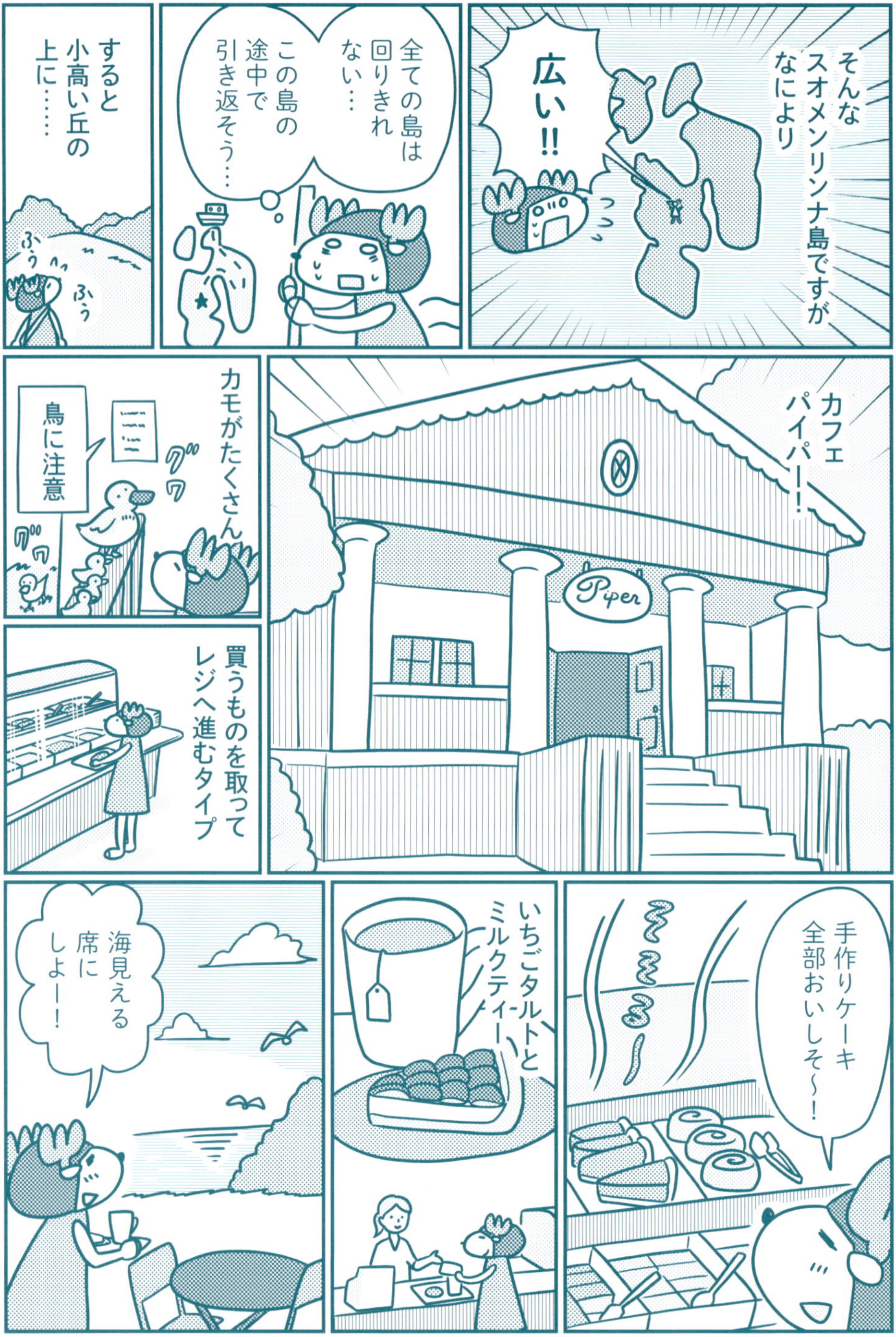
そんなスオメンリンナ島ですがなにより
広い!!
全ての島は回りきれない…
この島の途中で引き返そう…
すると小高い丘の上に……
ふぅ
ふぅ
カフェパイパー!!
Piper
カモがたくさん
鳥に注意
グワ
グワ
買うものを取ってレジへ進むタイプ
手作りケーキ全部おいしそ〜!
いちごタルトとミルクティー
海見える席にしよー!

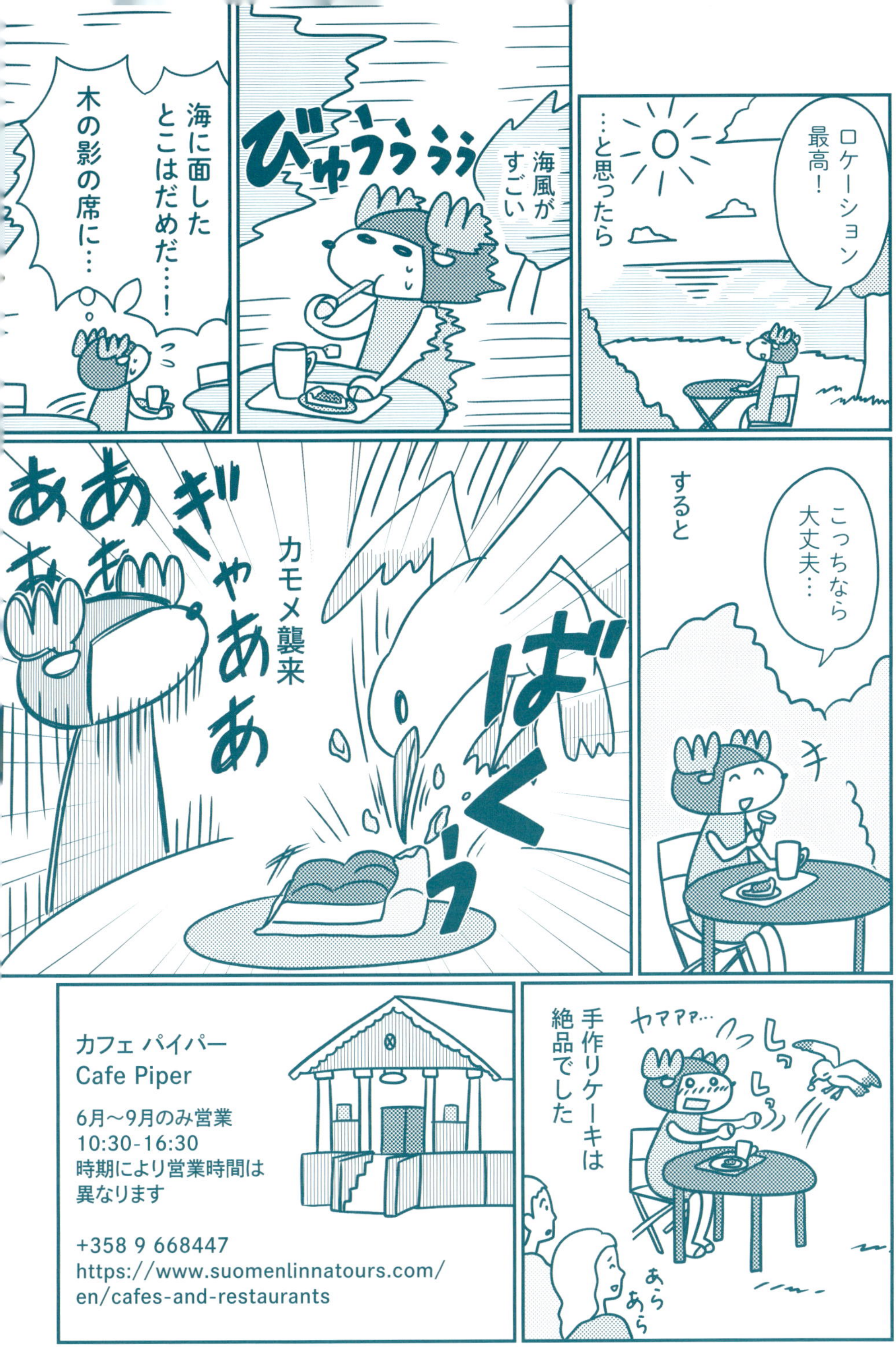
ロケーション最高！
…と思ったら
海風がすごい
びゅうううう
海に面したとこはだめだ…！
木の影の席に…
こっちなら大丈夫…
すると
キ
カモメ襲来
ばくう
ぎゃあああ
あああ
手作りケーキは絶品でした
ヤアアア…
あらあら
カフェ パイパー
Cafe Piper
6月〜9月のみ営業
10:30-16:30
時期により営業時間は異なります
+358 9 668447
https://www.suomenlinnatours.com/en/cafes-and-restaurants

● マリメッコをハシゴ ●

街へ戻ってもうひとつ…フィンランドといえばマリメッコ！
marimekko
ヘルシンキ中央駅周辺の繁華街は…
marimekko
んっ
marimekko
んっ!?
マリメッコ激戦区
コンビニレベル…
日本で買うよりすこーしお手頃
店によって品揃えが違うなぁ
店舗の雰囲気もそれぞれなのでハシゴしても楽しい
marimekko
ただし！税金の高い北欧諸国では免税店で一度に€40以上買うと税金の払戻しを受けられるので…
ばばばばば
買うなら一箇所でまとめて！

さらにがっつり買い込みたい！という方には…
マリメッコアウトレットがオススメ!!
ヘルシンキ中央駅からメトロを使って20分
1or2番メトロ
Herttoniemi駅徒歩10分
ヘルシンキ中央駅
m
マリメッコ本社内にアウトレットが併設されています
灰色《はいいろ》〜っ
建物が地味すぎて見落としそう
旧作やB品がお手頃に買えます
ろっ…60%オフだと…!!
買うてまうやろォ…!!

50%

マリメッコ
ヘルトニエミ アウトレット
Marimekko
Herttoniemi Outlet

平日 10:00-18:00
土 10:00-16:00
日 12:00-16:00

Kirvesmiehenkatu 7, Helsinki
+358 9 758 7244

https://www.marimekko.com/com_en/storelocator

Marimekko Aleksinkulma
マリメッコ アレクシンクルマ店

marimekko

平日 10:00-20:00
土 10:00-18:00
日 12:00-18:00

Aleksanterinkatu 50, Helsinki
+358 44 719 4834

● お土産ショッピング ●

自分用だけじゃなくてお土産も買わないとなぁ
マリメッコ以外にフィンランドの定番ブランドといえば
イッタラ
iittala
アラビア
ARABIA
1873
ドキ
ドキ
ただ陶器類はワレモノ注意だなぁ…
ザ！お土産！というものならトナカイやサンタクロースグッズ
フェルト玉の鍋敷きや
伝統的なコップククサ
トナカイの毛皮や暖かそうな防寒グッズも豊富
Reindeer
ほかぁ…
……
……
ぬいぐるみ…
夏用のお土産困る!!!

トナカイの豆知識　Kマーケットではレジ袋は全て有料です。地元の方はエコバッグを持参していますが、レジ袋もさすがのフィンランドらしいかわいいデザインなので注目です！

● フィンランドのおもしろ祭り！ ●

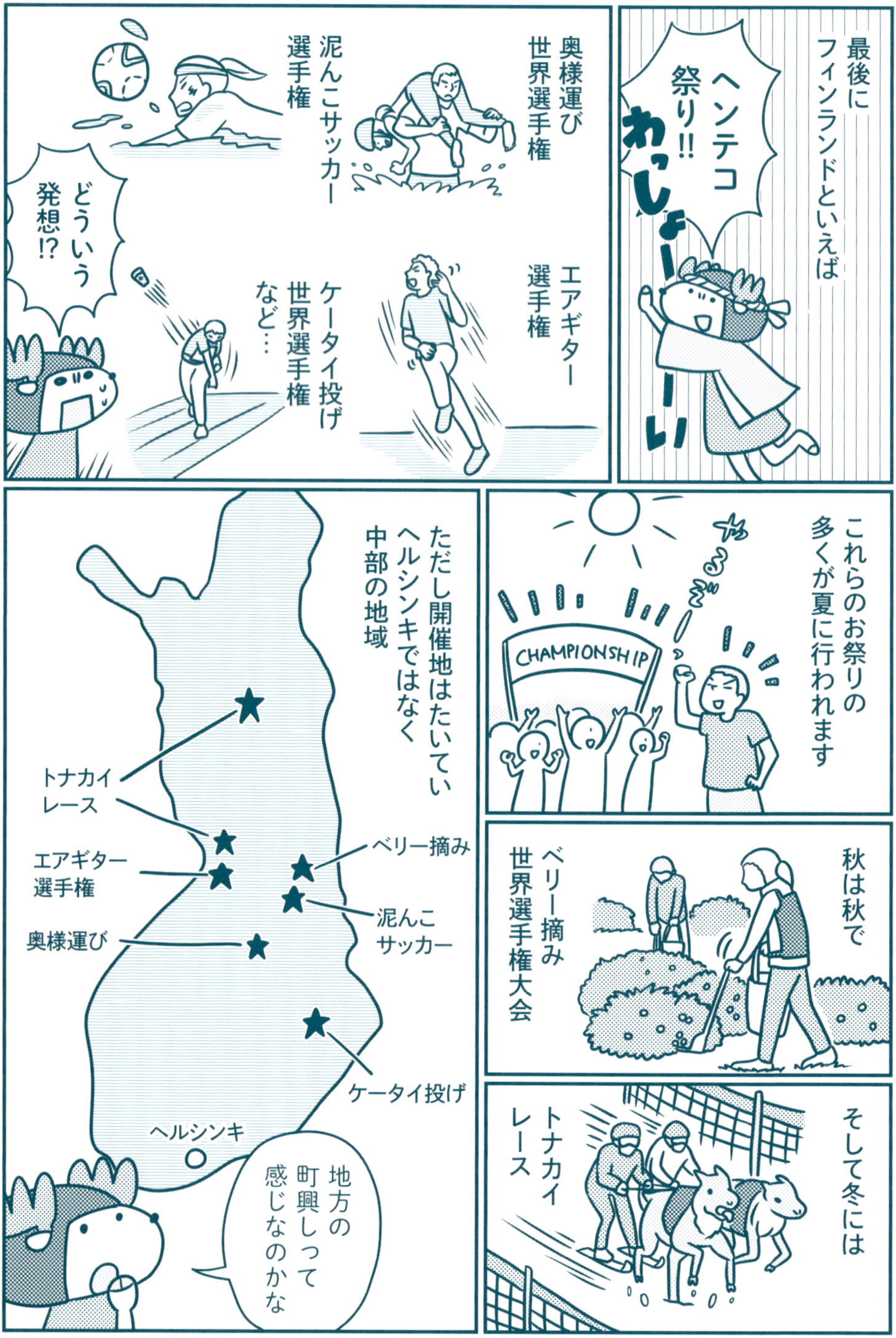

最後にフィンランドといえば
ヘンテコ祭り!!
わっしょーーーい
奥様運び世界選手権
泥んこサッカー選手権
エアギター選手権
ケータイ投げ世界選手権など…
どういう発想!?
これらのお祭りの多くが夏に行われます
やるぞー
CHAMPIONSHIP
秋は秋で
ベリー摘み世界選手権大会
そして冬には
トナカイレース
ただし開催地はたいていヘルシンキではなく中部の地域
トナカイレース
エアギター選手権
奥様運び
ベリー摘み
泥んこサッカー
ケータイ投げ
ヘルシンキ
地方の町興しって感じなのかな

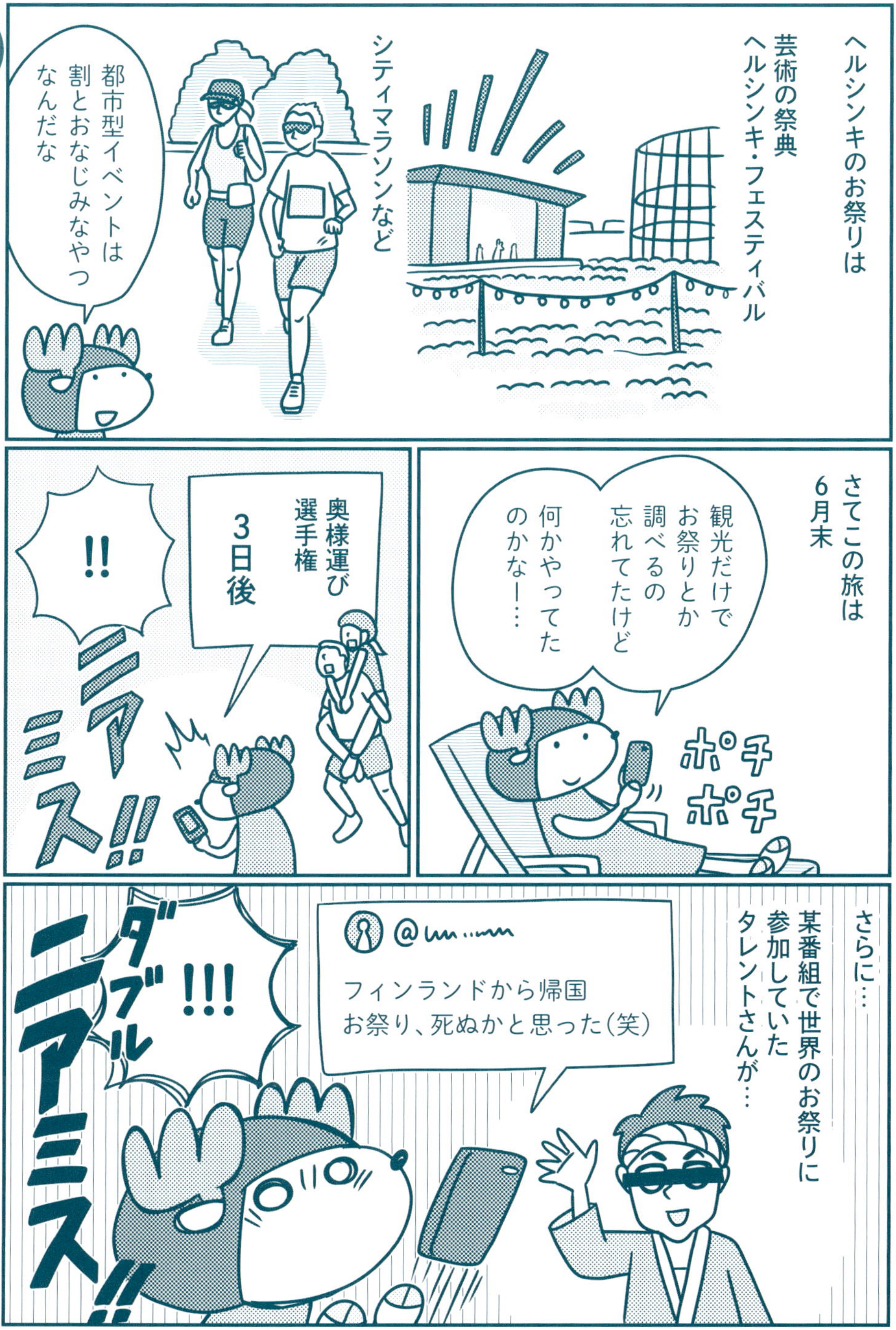
ヘルシンキのお祭りは
芸術の祭典
ヘルシンキ・フェスティバル
シティマラソンなど
都市型イベントは割とおなじみなやつなんだな
さてこの旅は6月末
観光だけでお祭りとか調べるの忘れてたけど何かやってたのかなー…
ポチポチ
奥様運び選手権
3日後
!!
ニアミス!!
さらに…
某番組で世界のお祭りに参加していたタレントさんが…
フィンランドから帰国
お祭り、死ぬかと思った(笑)
!!!
ダブル
ニアミス!!

タルちゃんにききたい!フィンランド❷

Q タルちゃん的ヘルシンキおすすめスポットはある?

A 3カ所ご紹介します!

・TöölöにあるSibelius公園と、公園内のRegattaカフェ

海に面した公園の中に、昔ながらの赤い木造の小屋を使ったカフェがあります。写真映えするかわいらしいカフェで、都心にいながらにしてフィンランドののどかな田舎の雰囲気を味わえます。夏にはテラスでコーヒーを飲んだり、外の焚き火や店内で販売されているソーセージでフィンランド風のバーベキューを手軽に楽しめます。

1番・2番・8番トラムTöölöntori駅から徒歩12分です。

・ハカニエミ・マーケットホール(Hakaniemen Kauppahalli)

ヘルシンキ最大の室内マーケットで、精肉店、チーズ専門店、パン屋さん、カフェや飲食店が並ぶ食料フロアと、手作り雑貨、アクセサリーやお洋服もあり、アットホームな雰囲気が好きでした。

2020年までは改装工事中で隣の仮設の建物で営業しています。

・Esplanadi & Bulevardiを探索

マーケット広場の近くから始まるEsplanadiをまっすぐ歩いて、おしゃれなカフェや小さなお店にキレイな街並みを楽しめるお散歩ルートです。まっすぐ歩くだけなので、道に迷うこともありません!

Q 島にポツンと建っているかわいい建物…。あれは人が住んでるの?

A 漁師さんが住んでいる建物もあれば、夏の別荘として使われている建物もあります!

フィンランドでは夏休みにコテージへ行き、自然と静かさを楽しみながらリラックスして過ごす人が多いです。

コテージはレンタルと所有の2種類があり、湖や海辺などの水辺に別荘を持つことが多くのフィンランド人の夢でもあります。別荘には夏休みの間だけでなく、週末にも行ったりします。

別荘ではサウナに入ったり釣りをしたり、読書などしたりして、忙しい平日とかけ離れた静かな暮らしに癒されます。

白夜旅行 #3

ヘルシンキの食べどころ

● かもめ食堂フルコース ●

ヘルシンキといえば
『かもめ食堂』!
かもめ食堂
ヘルシンキには映画のロケに実際に使われたレストランがあるのです
Ravintola KAMOME
作中の店名は ruokala lokki
ロケ時は別のお店でしたが改装後 映画セットをほぼ再現
街の中心からちょっと離れたところに…
ヘルシンキ中央駅
1 or 3番 トラム
Viiskulma駅
静かな通りだ…
ひっそり出現!!
KAMOME
かもめ食堂
KAMOME JAPANESE & NORDIC
外観からして映画のままー!
キャ
内装の雰囲気もばっちり
かわわ〜
やはり日本人観光客が多いけど
パシャ
パシャ
地元っぽいグループも

メニューは一応
コース風に表記されている
前菜
メイン
白米と親子丼が「メイン」…
お腹減ってるし せっかくだから 贅沢しよう!
かもめ コースで!
メインが選べる フルコース
• パン
• お通し3種
• 選べる前菜
• 選べるメイン
• 選べるデザート
• ドリンク
まずはパン
かわい〜
穀物? ライ麦? が 北欧っぽい
ぽく ぽく
そして前菜3種
キムチ
多!!
金平ごぼう
枝豆
枝豆が エンドレス …!
ぽり ぽり
せっ せっ
味付けは 和風というより エスニック風
前菜と メインです
豆腐アボカド
どど どん!!
サーモンフライ
ぐはぁ
デザートのシナモンロールは持ち帰らせていただきました…
憧れの味…!!
あま うま
かもめ食堂
Ravintola Kamome
月〜木 11:00-21:00
金・土 11:00-22:00
日・祝 休み
Pursimiehenkatu 12,
Helsinki
+358 9 657 422
info@kamome.fi
http://www.kamome.fi
グッズも売ってます!

● カフェ アアルトで初ニシン ●

続いての『かもめ食堂』関連スポットは
アカデミア書店！
ガッ[redacted]ャマンの歌
ご存知でしょうか!?
海外の本見てるだけでも楽しい〜
店内には天井から光が降り注ぐ
もちろんムーミンの原書も！
MUUMIT
英語版買お！
そして2階にあるのが
カフェ・アアルト！
英語メニューがあります
具材難しい
グーグル翻訳で調べよ…
むむ…
??サンド
??と???と
トマト……
??サンド
玉子と???と
???と…
おっ
ニシンだ！
Herring
herring
ニシン

北欧といえばニシンのイメージ
わたしこのパイきらいなのよね
一度食べてみたかった！
ニシンのサンドイッチです
どちゃっ
んっ!?
サンドじゃない!?
パンが下に敷いてあるいわゆるオープンサンド
よく見ると下にパン
サンドイッチといえばこれなのかな？
ナイフとフォークで食べるのか…
ちゃっ
ちゃっ
待望のニシンのお味は…！
ぱくり…
しょッ
ぺえええええ
げふっ
なんかもう信じられないくらいしょっぱい
ぱくグビ
ぱくグビ
なみなみのミルクティーなかったらヤバかった…！
カフェ アアルト
café aalto
月〜金 9:00-21:00
土 9:00-19:00
日 11:00-18:00
Akateeminen
kirjakauppa 2階
Pohjoisesplanadi 39,
Helsinki
+358 9 121 4446
info@cafeaalto.fi
http://cafeaalto.fi/ja
ヘルシンキ中央駅 徒歩5分
ランチは€10前後です

● ウルヨンカトゥの甘い罠 ●

あと『かもめ食堂』関連といえばもうひとつ…
ウルヨンカトゥの市民プール!
市民プールといえば郊外にあるのかと思いきや…
カンピ礼拝堂
FORUM
(ファッションビル)
思いっきり街中にあるんだな…
最終日の朝
ちょっとだけでも行ってみたい!
ゴロゴロ
ん…?
臨時閉館
のおおお
がくぅ…
このウラミ晴らさでおくべきか…!
がばっ
ピカピカピカピカ
はっ…
おしゃれなケーキ屋さん発見!
かわ〜

パティスリー テーム&マルクス
Patisserie Teemu & Markus

月〜金 8:00-18:00
土　　10:00-16:00
日曜定休

Yrjönkatu 25, Helsinki
+358 40 135 5783
myynti@patisseritm.fi
https://www.patisseriettm.fi

ヘルシンキ中央駅
徒歩8分

●ヘルシンキのカフェメニュー●

ヨーロッパひとり旅で困るのが料理の量の多さ
たっ……食べきれない……!!
どっさり
なので食事はカフェの軽食が中心になります
CAFE
フィンランドのカフェメニューの基本は
サラダとクリーミーサーモンスープ!
サウナ併設のレストランで食べたサラダは…
メインとドレッシングを選ぶ
ナッツやフルーツも入ったおしゃれサラダ
おしゃーうまー
それでも量は多い
せっせっせっせっ
そして…めっちゃ冷たい
ぶるるっ
そう…フィンランドの冷菜類はキンキン
冷蔵庫で外側から冷やした感じではなく食べ物の芯から冷え切っている
日本のばあい
ひやっ
中はぬるい
フィンランドのばあい
キーン
キーン
せっかくサウナで温まったのに…
また寒い!!
キン
キン
ガタ
ガタ

そしてカフェでは
テーブルでの注文ではなく
カフェテリア形式のところが多い
MENU
コーヒーや紅茶も
自分で注ぎ
レジへ進みます
ランチは
ビュッフェ形式のお店も
多いです
セルフ文化
続いて
クリーミーサーモンスープ
とにかく
北欧といえばこれ
日本の漁師汁
みたいな感じ?
マーケット広場にたくさん
クリーミーサーモンスープの
店が出ている
Soup
Salmon Soup
1つ
座って食べられる
テントもある!
さむ
さむ
野菜や魚介
たっぷり
味もあっさりで
スプーンが
スイスイ進む
ほか〜
意外に具材が
日本のスープで
おなじみの
ばっかり
落ち着く——
フィンランドの食べ物は
全体的に
シンプルな味付け
日本人の
口に合う
感じ〜
ニシンは
しょっぱかった
けど!!
クセのある香草もないし
安心して何でも
チャレンジできます!

タルちゃんにききたい！フィンランド 3

Q フィンランド名物の食べ物といえば？

A フィンランドらしくて美味しいものをご紹介します！

〈メイン〉トナカイ肉：普段それほど食べませんが、フィンランドならではなのでぜひ試してみてください！　マッシュポテトと甘酸っぱいリンゴンベリーと一緒に食べます。

サーモンスープ：クリーミーなスープに脂ののったサーモンと野菜がごろごろ！　家庭でもよく食べます。

〈パン〉カレリアンピーラッカ：ライ麦粉と小麦粉の生地にライスプディングやマッシュポテトを乗せて焼き上げたものです。こちらも家庭でよく食べられます。バターやムナヴォイ（ゆで卵とバターを混ぜたもの）を乗せると絶品です！

ライ麦パン：色が黒く、味は少し苦みがありますが、小麦粉のパンより健康にもよく、フィンランド人がほぼ毎日食べているので、ぜひ一度試していただきたいです！

〈デザート〉定番はシナモンロールとプッラという菓子パン。どのカフェでも必ず売られています。また、Fazerというブランドのチョコレートも味が濃厚でお土産にもピッタリ。冒険したい方には、世界一不味いグミでおなじみのサルミアッキをおすすめします！

Q 日本との食文化の違いは？

A 日本は「だし、生肉、居酒屋文化」です！

特に関西では、何にでもだしを使うイメージがあります。最初は粉末だしの味になじみがなかったため、野菜炒めですら魚臭く感じました。

フィンランドでは、あまり生肉や生卵を食べません。小さい頃から肉はきちんと火を通さないといけないと教わってきたので、特に鶏のタタキは、鶏肉だと知ったら食べられるフィンランド人はいないのでは？　と思います。逆にフィンランドでサラダとしてよく出される白菜は、日本ではそのまま生ではあまり食べないのが驚きでした。

日本は外食がフィンランドと比べて安く、基本的にどの店も美味しいのは嬉しいです！　フィンランドではお酒を飲みに行く時には、飲み物以外のものを口に入れることがなく、日本の居酒屋文化もありません。そのため、友達や家族が日本に遊びにくる時には、必ず居酒屋に連れて行ってます。

白夜旅行 #4

本場のサウナ

● おしゃれサウナ Löyly ●

フィンランドといえば…サウナの発祥の地!
Sauna《サウナ》はフィンランド語!
なんか親近感!
なんと人口の1／3の数のサウナがある!
日本でもあまりサウナ行ったことないけど…
本場だし体験しておくか!
宿泊先のパイヴィが教えてくれた最新おしゃれサウナが…
Löyly
ロウリュ!!
カンピ駅からバスで20分ほど
Kamppi駅
Henry Fordin katu駅
サウナとレストランが併設されている
屋上テラス
サウナ
レストラン
外のテラスの時点でもうスーパーおしゃれ……
映《ば》え〜

タルちゃんの豆知識

フィンランドではほとんどの自宅にもサウナがあります。逆にバスタブはあまりないので、湯船派の旅行者さんは注意してください。

入り口を入って左手がサウナ
レストラン
サウナ
廊下のロッカーに上着と靴を入れる
床がビショビショなのでビーチサンダルを!
受付兼バーカウンターへ
1人です
鍵とタオルをくれる
ぺらぺらぺら
水着着用でお願いします
タオルは大小2枚
大きい方はロッカーに置いておくのがオススメです
時間は2時間制
水は無料で有料ドリンクはこちらで
ぺらぺらぺら
はっ はやっ…
ただでさえあんまり作法知らないのに…大丈夫かな…!?
まぁ人気スポットだし先に来てる人のマネすれば何とか…
ドキ ドキ
更衣室誰もいない
カラ…
とりあえず持参した水着に着替えて…
カチャ
元来た道からサウナへ行こう
こっちはシャワー…終わってから浴びるのかな?
SHOW
えっ
えっ?

● Löylyの入り方 ●

??
なんか間違えた?
まぁいっか…
何か言いたげな顔…
進んでいくと…
ガラスの暖炉!
おっしゃれー
ゴオオ…
ほぼ満席状態
………
…涼しいな
ゴオオ
みんななんでそんなに汗かいて…?
はっ
汗じゃなくて!先にシャワー浴びてるのかぁぁ!
受付のお姉さんに変な顔された理由が分かった…!!
ばしゃ
ばしゃ
これでよし
………
…濡れたせいで寒いな
ぶるるっ

えっ…まさかこれがサウナじゃないよね…!?
ペチャクチャ
あっ
サ
ほかぁ
こっちにサウナあるんやないか――い!!
一番奥にあるサウナは
全面板張りで自然光の射し込む心地よい空間
ゴォォォォォ
上の段はぎゅうぎゅう
暑
涼
暑いの苦手だから下にいよう…
ちまっ
焼け石に水をかけるのは利用者が自由に行うのですが
すっ
ざば
二人掛かりじゃないとできない仕組み
ぐいっ
ギィ
さっ
ジュワ〜
阿吽《あうん》の呼吸…
ちなみに暑くしすぎると
みんなのサウナよ
あっゴメン
互いに声をかけあって気持ちよく利用します

● サウナからの海ダイブ!? ●

充分温まったら…
ちょっと休憩〜
おっ
外にテラスがある！
ガヤガヤ
気持ちいい〜
…けど
なんか…
不穏なものがあるんですけどぉおおお
直で海…？水風呂の代わりってこと…？
たっ…試してみるか…！
ドキ。ドキ
ざばっ
Very cold....
ぶる
ぶる
おお…

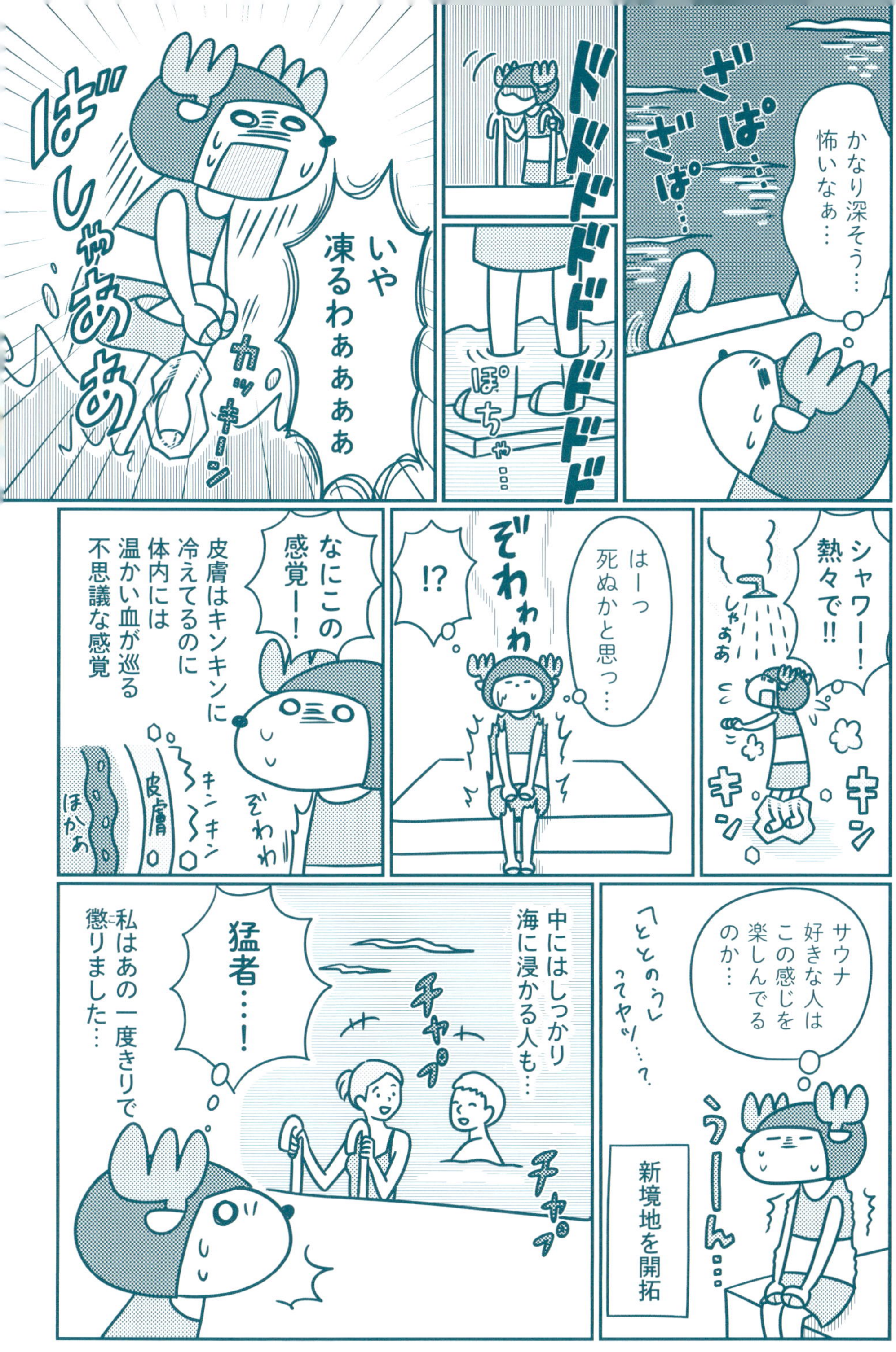
かなり深そう…怖いなぁ…
ざぱ…ざぱ…
ドドドドドドドドド
ぽちゃ…
ばしゃあああ
いや凍るわぁぁぁぁぁ
カッキーン
シャワー!熱々で!!
しゃああ
キン
キン
はーっ死ぬかと思っ…
ぞわわわ
!?
なにこの感覚ー!
皮膚はキンキンに冷えてるのに体内には温かい血が巡る不思議な感覚
ぞわわ
キンキン
皮膚
ほかぁ
サウナ好きな人はこの感じを楽しんでるのか…
「ととのう」ってヤツ…?
うーーん…
新境地を開拓
中にはしっかり海に浸かる人も…
チャプ
チャプ
猛者…!
私はあの一度きりで懲《こ》りました…

● Löylyはサウナの新定番？ ●

フィンランドのサウナといえば夏を過ごす湖畔の別荘に併設するもの
目の前の湖に飛び込む!!
それを都会の海で再現したLöyly
水着着用で男女混浴にしたのも現代風
それゆえに客層は広い
観光客
カップル
シニア
若者グループ
フィンランドでは懇親のために人をサウナに誘うのだとか
どう？
日本の温泉文化と飲み会文化の間みたいな感じ？
年齢も性別も国籍も問わず
みんな無防備な水着姿で
心地よい蒸気を楽しむ空間は
まるで平和の象徴のよう

さて…
サウナを充分
楽しんだら
2時間制って
言ってたもんな
ぶぉぉ
ありがとう
ございました
チャリーン
隣の
レストランで
夕飯食べてこー
ぽか
ぽか
おしゃれサウナの後の
おしゃれサラダ…
ウフフ
イケてる女子
っぽ〜〜い
おしゃ
…がしかし
サラダが冷たすぎて
さっむ

Löyly館内図
プライベート
サウナ（予約制）
暖炉コーナー
サウナ
テラス
海
男性用
更衣室
女性用
更衣室
受付
入るのに数時間並ぶことも
あるそうなので予約した方が安心です

タルちゃんにききたい！ フィンランド 4

Q フィンっ子にとってのサウナとは？

A 癒しの場でも、交流を深める場でもあります。

頻度は家庭によりますが、私の実家では一週間の締めくくりとして、金曜日か土曜日にサウナに入りました。

クリスマスやお正月など、特別な日にも入ります。こういった日にはみんなで入ったりもしますが、我が家は子ども以外は基本的に1人ずつ入ります。

交流を深める場として、合宿や学生パーティーでもサウナを貸切ることがあります。もちろん、会社の打ち上げでもサウナを使うことがあります。薄暗いサウナで肩を並べて相手と本音で話して親交を深めます。

Q タルちゃんは日本のサウナに行ったことある？

A ありますよ！

日本のサウナは数回しか入ったことがありませんが、テレビがあったり、床がカーペットになっていたりとフィンランドではあり得ないものが取り入れられていてちょっと不思議な体験でした。

またフィンランドのサウナでは、サウナの石に水をかけて蒸気を作るので、日本でときどき見かける熱波師という役割の方もいません。

白夜旅行 #5

ヘルシンキを乗りこなす

● 市内の移動はトラム&バス ●

ヘルシンキは公共交通機関が充実
トラム
バス
メトロ
電車
乗り換えアプリさえあればどこへでも行ける！
交通の拠点はヘルシンキ中央駅とお隣のカンピ
ヘルシンキ中央駅
カンピ
駅や停留所が集中しています
まず近距離移動ならトラム
ヘルシンキ感溢《あふ》れるぅ〜！
乗りたい路線の停留所で待機
66……
ちゃんと時刻表通りに来てくれる！
ボタン式の扉を開けて乗車
ポチ
チケットをカードリーダーにかざすか運転手さんから購入
それほど混まないので座れることが多いです
犬連れで乗車する人も
あとは降りる駅の手前で降車ボタンを押します
次!? 次だよね!?
ポチ
ドキ
ドキ
降りる際の扉もボタン式です
ポチ

トラムの停留所は目に付きやすいけど
バスは柱やプレートのみの場合もあります
目的のバスが来たら手を挙げて止めます
ブオォォ
立ってるだけだとスルーされるので注意!
ブオォ
乗車は前方の扉から
チケットについてはトラムと同様
1人です
ピッ
降りる方法も同じくボタン式
次!? 次だよね!?
ポチ
ドキ
ドキ
ちなみにフィンランドの地名は…
Simonkatu
Sammonkatu
Hietalahti
Hietalahdentori
Meilahti
Meilahdentie
Meilahden sairaala
似た地名多すぎ!!
乗客も少ないので
周りの人についてこ〜
ぞろ
ぞろ
ができない!!
目的地は自分でしっかり調べて移動しましょう
アプリでしらべとこ…

● 電車・メトロはアレがない？ ●

東西の移動はメトロが便利
ヘルシンキから北の長距離移動には電車を利用します
電車
メトロ
ヘルシンキ中央駅
基本的な乗り方は日本と同じですが…
メトロと電車どちらも
改札はなく
すぐホームに行けちゃう！
シュ
チケット出さなくていいのめっちゃ楽～
スイ
スイ
日本だと…
まご
まご
バーン
バス以外の乗り物では日本のように一人一人チケットを確認されません
カードリーダーはあるけど…使ってない人も多いな…？
はて？
ピ
スル
乗務員さんに求められた時に提示できればいいい性善説システム
OK！
ありマス!!
しかし…キセル乗車が発覚したら重い罰金があります！
タダ乗りダメ！絶対!!
ピピーッ

さらにフィンランドの乗り物は……
車内放送が少ない!!
飛行機でも
ポーン
ヘルシンキ空港は快適性のため放送が少ないので乗り換えのお客様はご注意ください
車内放送も駅名のみ
○○へお越しの方は…とかはないんだ
あっさり…
自主性が問われますが…
でも困っていたら
オロオロ
すぐに誰かが助けてくれる優しい国民性
大丈夫?
カリカリせかせかしている人はほとんどいません
日本だと…
ぎゅうぎゅう
どんっ
まった〜り…
道を歩いていても
横断しようとしたら車は必ず止まってくれます
キッ
自分のことは自分で
でも困ったら一人で悩まない!
それがフィンランドの歩き方の極意です!

タルちゃんにききたい! フィンランド 5

Q ヘルシンキは人が少ない?

A 夏は特に少ないです!

ヘルシンキは東京や大阪に比べると断然人が少なく感じます。しかし、人口的にはフィンランド人の5人に1人くらいがヘルシンキ近辺に住んでいるので、フィンランドの地方で育った人の感覚では、ヘルシンキは人がむしろ多いです!

日本から夏のヘルシンキを訪れると、週末は首都圏に住んでいる人たちが田舎にある別荘へ行ったり、日本のお盆のように田舎にある地元に戻る人が多いため、街中の人が減ってさらに少なく感じることもあるかと思います。特に夏至祭の頃は街中がガラガラです。

Q 人が集まるイベントはあるの?

A もちろん、ありますよ!

フィンランド人が集まるイベントとして、5月1日のメーデーや夏の音楽フェスがあります。ヘルシンキで行われるメタル系のバンドだけが集まるTuskaフェスや、ポリ市で行われるジャズフェスに、トゥルクの海辺で海水浴を楽しみながら音楽を聞けるRuisrockフェスなどがあります。

さらに、全国の町で様々なマーケットという名のイベントが行われます。例えば手作りのレース製品が販売されるラウマ市のレースマーケットや、複数の街で一晩中、街中で講演や演奏が行われる〝本の夜〟という名の本や文化にちなんだイベントがあります。(フィンランド語:キルヨイェン・ウオ〈Kirjojenyö〉)。フィンランド人はイベントや祭りごとが好きなので、どれもかなり人が集まります。

白夜にて

● 白夜の生活 ●

さて…夏のフィンランドは
白夜！
ずっと日が昇っていていて夜が来ない！
ピカー
ッ
早朝6時
もう昼の日差し
ぱち
えっ もう昼!?
ねすぎた!?
チュン
チュン
ばっ
がば
まだ早朝か…
まぁでも せっかくだから 早く観光いこ
ピカー
活動時間は長くなるので ちょっとお得
しかし… 日本では時間帯に合わせて テンションを調節 しているところが
朝
昼
夜
白夜ではついつい ずーっと フルのテンション
そして夜22時ごろ…
空はようやく 夕焼け
まだまだ 夜って感じ しないけど…
いい時間だし 帰るかぁ
しぶしぶ
しかし一日中 フルスロットルだった体は……
帰った途端
ばん
ねっむ
ばたーん

そんな気候での暮らしは…
夏働いて冬眠る!?
…ということはなく
ずるっ
みなさん普通の時間で生活しています
お店は10時前後に開店
OPEN
夜は20時ごろ閉店
お店によっては23時ごろまで開いている
CLOSED
K Market
日本の感覚と変わらないな…
ピカー
でも…こんなに明るくてどうやって寝るの?
と思ったら…
各部屋に遮光カーテン整備!!
くる
くる
くる
意外にしっかり暗くなる!
問題は明るさよりも…
鳥がずーっと鳴いてる…
ピィ ピィピィピィ
チュン チュン
チュン
ねれん…

● 寒くて暑いヘルシンキ ●

フィンランドといえば
雪国のイメージだけど…
さすがに夏だし
コートは
いらないか！
…と思ったら…
ぽーい
さっむ
15℃
日本より
10℃ぐらい低い!!
ガタ
ガタ
ガタ
ガタ
北緯60度に
位置するヘルシンキ
北海道ですら
45度だもの!!
そら寒いわぁ!!
60°
45°
しかもこの年は冷夏
ううう…
現地の人も
まだダウンを
着ている…
一口に「寒い」といっても
日本のような
外気が冷たい
寒さではなく…
ぶるるっ
ぴゅ～
石畳や建物
あらゆる建造物が
芯から冷気を
溜め込んでいる感じ
体温が
吸い取られる～
ひゃーっ
ひゃーっ
耐えかねて
靴下を現地調達
都会でよかった
SOCKS

そんな寒さの中でも日向に行くと
ぐさ
ぐさ
日差しが刺さる！
ひぃ〜〜っ
緯度が高いせいか太陽の光がビシバシ降り注いでくる感じ
ズドーーン
帽子&サングラスはもちろん
カーッ
すちゃっ
晴雨兼用傘に助けられました
実際の装備はこんな感じ
帽子
サングラス
ストール
もこもこパーカー
薄手のニット
ヒートテック
ジーンズ
小型スーツケース
靴下
ずっと歩けるスニーカー
きせかえトナカイ
貴重品用バッグ
リュック
ちょっと肌寒かったのでもう一枚着脱しやすい上着があっても良かったかも…

● オススメ白夜 ●

初めてのフィンランド
初めての白夜だったけど…
白夜シーズンの旅行は圧倒的にオススメ！
明るいと防犯上も安心できるし
暗いと怖い…
ドキドキ
街の人もみんなどこかウキウキしている
ウキ
ウキ
自宅でもカフェでもテラスに出て過ごす
さん
さん
長くて暗い冬があるからこそ明るい夏の豊かさとありがたみを実感する
開放的で心温まる旅でした

タルちゃんにききたい！フィンランド 6

Q 白夜シーズンはどんな風に過ごすの？

A 外の日差しを楽しみます！

仕事や学校がある時は、1日の過ごし方は他の季節と変わりません。週末や休みの日は外に出て明るさと暖かさを楽しみます。

夏の間は極力外にいるようにします。朝のコーヒーを自宅のベランダで飲んだり、レストランで外食する際にはテラス席を選んだり、本を読むにしても室内ではなく、庭やベランダで読みます。

外がずっと明るいため、体内時計が狂いやすくなります。子どもの頃は夏の寝つきの悪さに悩まされていましたが、シャッターと遮光カーテンの組み合わせで何とか克服できました。

Q 日本の夏はタルちゃんにとってどう？

A 暗くて暑いのは不思議な感覚です！

フィンランドで育った感覚としては暗い＝寒いという連想が強いので、日本の夏の夜は、暗いのに外が暑いのが不思議な感覚です。日本に引っ越したばかりの頃には必要以上に着込んで後悔したりしました。また、フィンランドは基本的に空気がカラッとしているので、日本の梅雨は暑さだけでなく、湿気も大変です！

フィンランドでは、夏にはキャンピングカーで国内外を旅行する人が多いのですが、日本ではキャンピングカーはあまり見かけません。また、生徒は休みの間にしっかり休む権利があるため、フィンランドの学校は夏休みの間に自由研究などの課題はありません。

● 白夜旅行 こぼれ話 ●

フィンランドといえば
もうひとつ…
ムーミン!
西海岸のナーンタリには
ムーミン
ワールドがある!
スナフキンは
憧れの人だし
会いに行って
みたい…
しかし大人の
ひとり旅…
自意識の壁で
断念しました…
ないな。
えーっ

極夜旅行 #1
冬のラップランド

※想像図

●オーロラを見に行こう！●

白夜旅行のあと
レポート漫画を
ネットに公開
していきました
するといろんな方から
オーロラは見ないんですか?
オーロラ…確かに北欧の見どころだけど…
貴重な観光時間を3日3晩も費やして
しーん…
……
それでも見られないかもしれないんでしょー…
そこまでギャンブルできないわ~
見られなかったらお金勿体《もったい》無いし
…と思っていたのですが
だらだら
見たら感動しますよ!
えっ
あの体験は他にないです
ええっ
みっ……見たくなるじゃないか…!
うず
うず
オーロラは冬の風物詩
9月~3月に見られるのか
ふむ…
つまり極夜

極夜
夏の白夜とは反対に冬は日が昇らなくなる現象
北欧
暗ーい
太陽
←地軸
地軸が傾いてるから北の方はずっと日が当たらないんだな
そしてもちろんめちゃくちゃ寒い
北欧の家具が心地いいのは長くて暗い冬に家に籠《こも》るためだとか
…ってことは観光レジャーも少ないんだよな…
寒いし暗いしやることない…って…
精神崩壊しそう……
きゃあああああぁ
しかしそれを乗り越えられなければトナカイを名乗る資格がない……
ぐぐっ…
行くか!
冬のフィンランドでオーロラアタック!!
はらくくりっ
ぎゅっ

● 冬のラップランド計画 ●

オーロラが出るのは
北極圏
Arctic Circle
フィンランドではラップランド地方…ロヴァニエミという街が有名です
北極圏
サンタさんがいるところ!
さらに北に行けば行くほど見られる確率は上がるという…
さ…寒さとの戦い…!
ぶるる
北上
そこまで行ったとて必ず見られるとは限らない
オーロラが現れる条件は大きく3つ
1 空が晴れている
2 太陽の活動が活発
3 街などの灯りがない真っ暗な場所で見る
ほぼ運
ベストシーズンの観測確率はサイトによって30%とも60%とも…
ツアーだとだいたい3晩前後をとってあるのか…
そんなに運いい方じゃないし…
念のため5日ぐらい欲しいなぁ…
う〜〜ん

メジャーな街は ロヴァニエミ以外に サーリセルカや レヴィなど
サーリセルカ
レヴィ
ロヴァニエミ
この辺は スキーリゾート なのか
オーロラ鑑賞用の ホテルもあります
天井が ガラス張り
しかし さすがの リゾート 価格…
確かに昼間の アクティビティ あるのはいいけど
ナイターの灯りで オーロラ見づらく ならないかなぁ?
灯りのないところへ 車で行ける オーロラ観測の 現地ツアーは 1回1万円前後
だったらそもそも ど田舎に 泊まって ツアー代を 浮かせたい…… 全体的に物価も 高いし……
宿探しと移動の 計画に 丸一日費やし…
サーリセルカのさらに北
イナリ ……………… 3泊
ラップランドの定番
ロヴァニエミ …… 2泊
もう一度行きたい
ヘルシンキ ……… 3泊
Inari
イナリ
イナリ湖
サーリセルカ
Rovaniemi
ロヴァニエミ
Helsinki
ヘルシンキ
オーロラアタック5夜! 8泊長期ツアーに決定!!

ヘルシンキへはもちろんフィンエアー直行便
1時間20分
ロヴァニエミ
ヘルシンキ
10時間
大阪
そこからロヴァニエミへは飛行機で
ヨーロッパのLCC Norwegianが安い！
LCCだし雪もあるし遅延するかも
乗り換え時間をたっぷりとって便を予約
ロヴァニエミ～イナリ間は長距離バス
5時間
往復 €113.70-
MATKAHUOLTO
サイトで予約
あとは…雪で欠航しないことを祈るのみ…！
ドキドキドキドキ

タルちゃんにききたい！フィンランド 7

Q オーロラは見たことある？

A 毎年ではないけど、ありますよ！

ヘルシンキなど、フィンランドの南部ではオーロラは5年に1度見れるか見れないかぐらいの非常に珍しいものです。湖の上など、灯りのないところでじっと空を見上げながら待つのがオーロラの定番の鑑賞方法です。

子どもの頃から毎年、家族とラップランドにクロスカントリースキーをしに行っていて、その際には何度かオーロラを見たことがあります。でも毎年見ている訳ではありません。

先日はラップランドにあるキッティラ空港から別荘へ街灯のない道を走っていた途中に緑に輝くオーロラを見ました。車を停めて家族みんなで外に出て静かに空を見上げました。子どもの頃はオーロラを見ても「キレイだなぁ」で終わって、あまり感動しませんでしたが、この時は見れない年が何年間も続いていたので感動もひとしおでした。

極夜旅行 #2

イナリに泊まろう

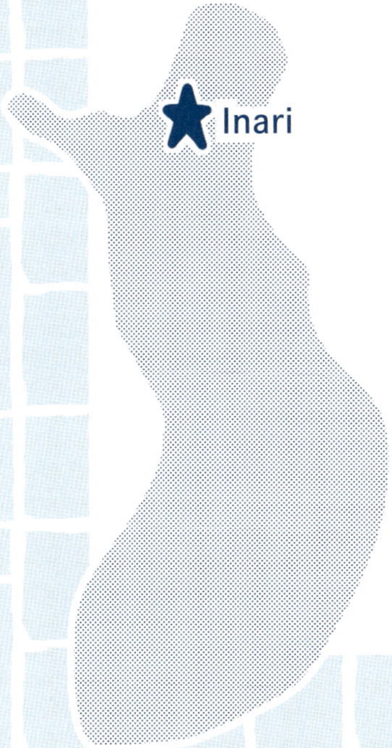

●イナリへ行こう！●

イナリはフィンランド北部の地域
ロヴァニエミからバスで5時間
サーリセルカからは1時間半
イナリ湖
イナリ
1.5時間
サーリセルカ
4時間
ロヴァニエミ
大きなイナリ湖と美しい自然が自慢
雪ー
ここならオーロラも見れそう
バスはイナリまで予約したけど…
ブォォォ…
冬仕様
予約票
イナリに駅はない
イナリ駅
結果：なし
私…どこで降りるんだ…？
するとイナリに入る前のトイレ休憩で
ホテルは？
○○ホテルです
バスはホテル前まで行ってくれるらしい
HOTEL
しかし私の滞在先は湖のふもとで伝統的な暮らしをしているトゥーラさんのお宅
TUULA
市街地から20分の距離
遠いなぁ……
あっ市街地で降りるので大丈夫です
メモ

まっくら〜
まだ16時なのにすっかり暗いなぁ…さすが極夜
次はホテルイナリ〜
はっ
あれはイナリ唯一のスーパー！
K super M
ばっ
てことはここが市街地…！
降りよう！
しかし…流しのタクシーも存在しない
ほんでさっむ
ぶろろろ
ぽつん…
ホテルへ逃げ込む
タクシーを呼んでいただけないでしょうか…！
快く対応してくださいました
トゥーラのところに行くのね
この辺りは田舎だからみんな知り合いよ
へー！
そしてもう一つの田舎ポイントは…
街灯が皆無
極夜なのに…!?
そのぶん車のハイビームが超強力でした
ビカー

●イナリでオーロラ・アタック！●

トゥーラ宅に到着
いらっしゃーい
かわいいおばあちゃんだ
旅のお目当は？
オーロラが見たいんです！
明日から天気が崩れるから今日しかないかもね
ええっ
早くもクライマックス…!?
オーロラは北から出るから北向きの窓をチェックするの
北→
そもそも晴れてないと見えないので星が見えるかが最初のチェックポイント
周りの電気を消したりスカーフで頭を覆うとよく見えるわ
ばさっ
オーロラ予報のサイトもあるから参考にでも外れることもあるからね
“Aurora Forecast”
“AURORAS now!”
など

今は星は見えないですね…
くら〜
曇ってるのね
時差ボケで眠い…
ばさっ
今のうちに寝とこ
夜中に起床
がばっ
オーロラは…!
おはよう
まだよ
じゃあ先にシャワー浴びてきます
フサコーー
シャワー
オーロラが出たわよーーっ
えええええええええ
ばんっ
すぐに出て消えちゃった
タイミングが悪かったわねぇ
あああああああ
まだ空は晴れてるからチャンスはあるかも

●満月の湖上さんぽ●

時刻は深夜2時
湖の方が見晴らしがいいから行ってみる？
真夜中の湖…？
わーい
死の恐怖
どぼん
ぞ…
すぐそこよ
さく
さく
びくびく
……あれ？
さく
さく
さく
明るい…!!
月の光が雪に反射するからね
道も見通せるし…全然こわくない！
はっきり!!
月光ってこんなに明るいんだぁ…
夜の闇が怖いのは人が都会の光に慣れすぎたせいなんだな…
積もった雪がキラキラ光る
宝石ばたけを歩いてるみたい…
キラ
キラ
キラ
キラ

さく
さく
えっ… ちょっ…
さく
さく
ここから湖!?
そうよ
さく
さく
人の足跡があるところだけ歩けば大丈夫よ
ふぅ…
シィ…ン
………
……綺麗… すっごく綺麗…
シュッ
あっ
あぁ…
オーロラがなくても…この景色だけで充分だなぁ…
ほぅ…

●湖上のオーロラ・アタック！●

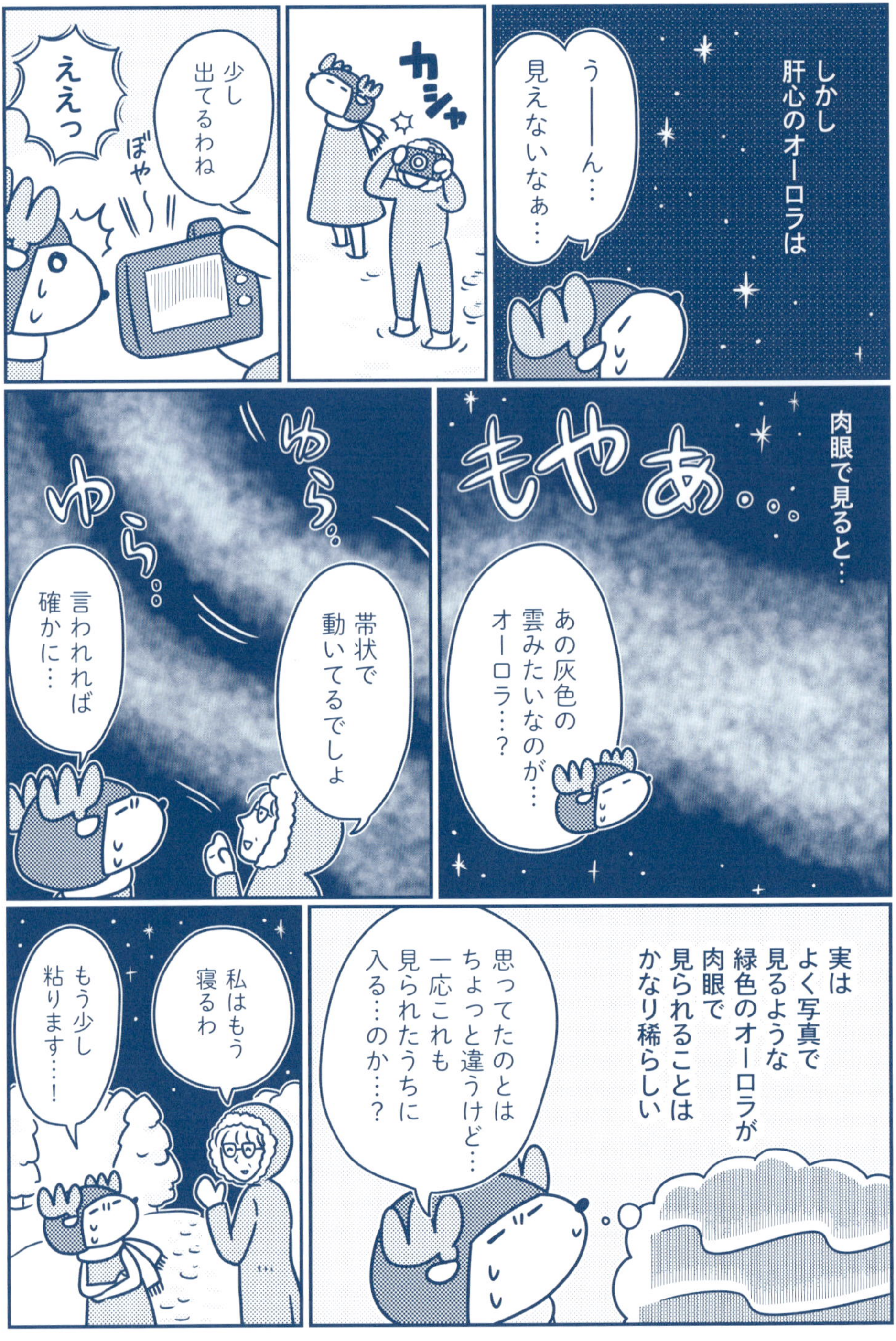
しかし
肝心のオーロラは
う――ん…
見えないなぁ…
カシャ
少し
出てるわね
ぼやー
ええっ
肉眼で見ると…
もやぁ。。。
あの灰色の
雲みたいなのが…
オーロラ…？
ゆら。。
ゆら。。
帯状で
動いてるでしょ
言われれば
確かに…
実は
よく写真で
見るような
緑色のオーロラが
肉眼で
見られることは
かなり稀らしい
思ってたのとは
ちょっと違うけど…
一応これも
見られたうちに
入る…のか…？
私はもう
寝るわ
もう少し
粘ります…！

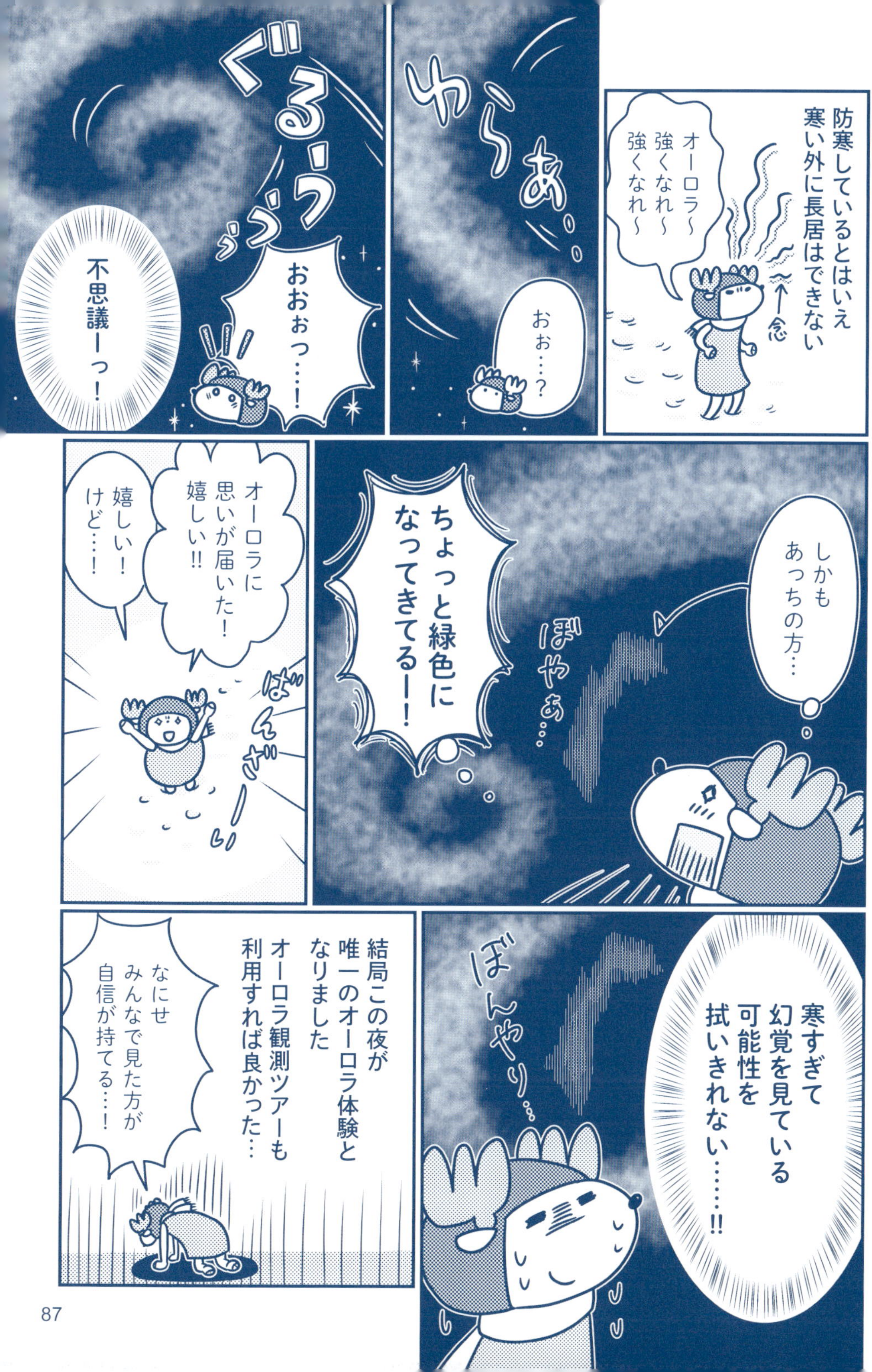
防寒しているとはいえ寒い外に長居はできない
オーロラ〜強くなれ〜強くなれ〜
念
ゆらぁ…
おぉ…?
ぐるーうぅぅ
おおぉっ…!
不思議ーっ!
しかもあっちの方…
ぼやぁ…
ちょっと緑色になってきてるーー!
オーロラに思いが届いた!嬉しい!!
嬉しい!けど…!
ばんざーい!
ぼんやり…
寒すぎて幻覚を見ている可能性を拭いきれない……!!
結局この夜が唯一のオーロラ体験となりました
オーロラ観測ツアーも利用すれば良かった…
なにせみんなで見た方が自信が持てる…!

● トナカイがトナカイに出会った ●

さて…
この場所を訪れた
もうひとつの理由は
トナカイに会える！
トゥーラは11頭のトナカイを飼っていて
ふれあい牧場もやっている
餌やりに行くわ
お伴します！
ついに…
トナカイ
フサコが
トナカイに
出会う…！
牧場は家のすぐ裏
そりにたっぷり草を盛り込んで
どさ どさ
牧場へ！
エサだ
エサだ
生トナカイだー!!
はじめましてー
ツーん
ハイ
噛まないから大丈夫よ
苔
かわいい…！
もしょ
もしょ
きゃー
ツノが当たらないように腕を伸ばしてね
エサだ
エサだ

トナカイは食べては寝るを一日中繰り返すの
捕食される側の動物だから数分しか寝られないわ
へぇ――
もしょ
もしょ
草を手であげているとキリがないのでどんどん地面に撒いていく
雪が深いところに撒いてあげると足が寒くないのよ
なるほど!
ふわ…
移動しては撒き
移動しては撒き…
ぽっ
ぽっ
ぽっ
ぽっ
ボスが独占しないようにね
トナカイ達には明確なヒエラルキーがあり
ボス
強
弱
下のトナカイは上のトナカイに逆らえない
体育会系…!
はいぃっ
どけよ
ちなみに年功序列ではなく古株トナカイの角が傷ついたらNo.2が挑んだりもする
一手願えますか
く…ワシももうろくしたもんじゃ
実力主義…!
そして人に攻撃はしてこないけど
餌持ってなかったら
見向きもされない!!
ムシ
さーーっ

トゥーラの牧場ではトナカイとのふれあい体験プログラムがあります（英語のみ）。
詳しくは https://tuulasreindeer.weebly.com

● ラップランドのサーミ族 ●

ラップランドの生活を知る上で欠かせないのが先住民族サーミ族
イナリでサーミ族の伝統やラップランドの自然を学べる博物館が…
SIIDA
SIIDA
2階が展示室
四季を通じた暮らしを解説しています
サーミ族はトナカイを群で飼い
狩りや釣り
ベリー採集で
生活していました
自然の全てに精霊が宿っているという信仰は…
日本の八百万《やおよろず》の神にも通じそう？
伝統衣装や工芸品はカラフルでフォルムもかわいい
すでに北欧デザインのレベルの高さが現れている…！

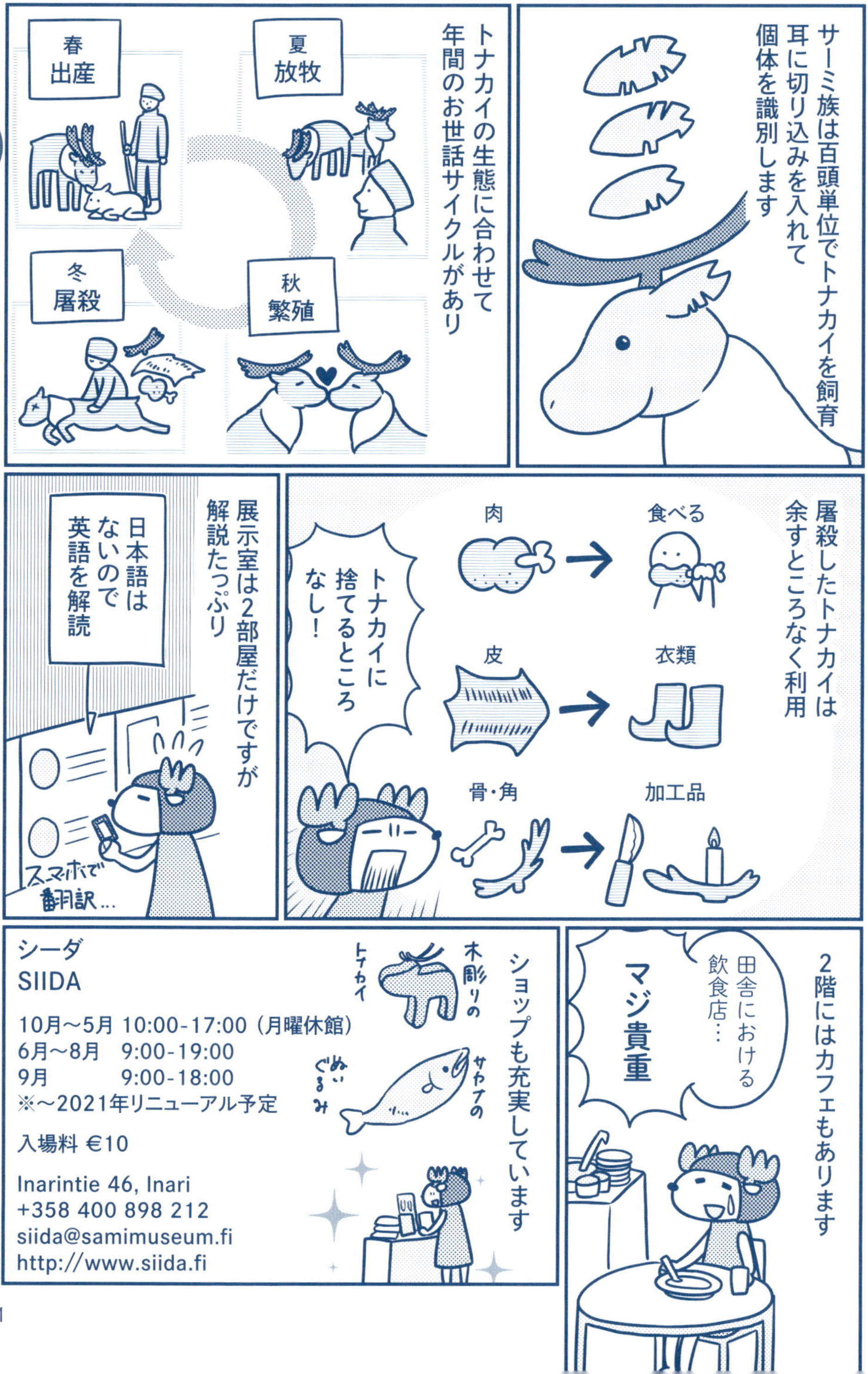
サーミ族は百頭単位でトナカイを飼育
耳に切り込みを入れて
個体を識別します
トナカイの生態に合わせて
年間のお世話サイクルがあり
夏
放牧
春
出産
冬
屠殺
秋
繁殖
屠殺したトナカイは
余すところなく利用
肉
食べる
皮
衣類
骨・角
加工品
トナカイに
捨てるところ
なし！
展示室は2部屋だけですが
解説たっぷり
日本語はないので
英語を解読
スマホで
翻訳…
2階にはカフェもあります
田舎における
飲食店…
マジ貴重
ショップも充実しています
木彫りの
トナカイ
サウナの
ぬいぐるみ
シーダ
SIIDA
10月〜5月 10:00-17:00（月曜休館）
6月〜8月 9:00-19:00
9月 9:00-18:00
※〜2021年リニューアル予定
入場料 €10
Inarintie 46, Inari
+358 400 898 212
siida@samimuseum.fi
http://www.siida.fi

● トナカイ肉を食べてみよう！ ●

ラップランドに来たからには…
トナカイ肉が食べたいです!!
初日の夕飯
トナカイ肉とキャベツのグラタンよ
・トナカイ肉
・キャベツ
・人参
のみじん切りを混ぜてオーブンで焼いたもの
味付けは塩のみ
ぽろ
ぽろ
見た目はかなり素朴…
ぱく
うつつま
ピシャアアアア
トナカイ肉は全く臭みがなく食感・味ともに牛肉に近い
味付けシンプルで日本食みたい
口に合って良かった
ぱく
ぱく
ぱくぱく
ぱく
お肉や内臓を食べるときはホロムイイチゴを付け合わせにするの
オレンジ色のキイチゴ英語ではクラウド(雲)ベリー
柑橘ぽい味
プチプチ

副菜にキャベツと人参の酢の物もどうぞ
ぱく
これは…! ザ・ジャパニーズ・酢の物…!
どれも日本と同じ味がします…!
止まらん!!
あら本当?
ぱくぱくぱく
ぱく
じゃあこれも合うかしら
しょうゆ!!
SOY SAUCE
たり
ぱく
もう日本
どっぱーん
正直お肉はもっと臭いかと…
うちのトナカイは家で屠殺するからね
屠殺場に連れて行ったりするとストレスで肉に臭みが出ることがあるの
どこいくの━っ!?
なるほど…
これ誰━っ!?
むしろストレスを感じるのは私たちの方ね
トナカイはペットでもあるから…
キゅっ

●フィンランドのお袋の味●

2日目の食事
今夜はラップランドの家庭料理よ
じゃがいもと白身魚を蒸しただけのお料理
クッキングシートを敷いて手で食べるの
まずバターを取って
じゃがいもは皮をむいてバターと食べる
魚は手で身を取り分けて塩味でいただく
ほろり
ほぐほぐ
トナカイ肉よりもサーモンスープよりもこの地域のお袋の味はこれよ
新鮮な魚じゃなきゃ美味しくないから
むぐむぐ
…これは
要するに蒸し魚とじゃがバター
やっぱ寒いと北海道の食文化と近くなるのか!?
そしてめっちゃウマイ!!

主食はやっぱりライ麦パン
タルちゃんもオススメしてたけど…
ぶっちゃけ酸味のあるパン苦手なんだよなぁ…
ぬりーーっ
たっぷりバター塗るのか
ぜいたくぬり。
むちっ
不思議…
酸っぱいパンでバターの甘みが引き立つ気がする…!
じゅわぁ
もう一つのタルちゃんオススメの定番パン…カレリアンピーラッカ
スーパーでも袋詰めで売ってる!
バラでも買えます。
硬いライ麦の生地でライスプディングを包んだ惣菜パン
チーズ
ライスプディング
ライ麦生地
冷たいとあんまりピンとこないけど…
これもバター乗っけて温めると
ほっこりうまい!
ほかぁ…
フィンランドのパンはバターと食べると新境地が拓けます!!

● 湖畔のプライベート・サウナ ●

白夜旅行では都会型のおしゃれサウナを体験しましたが
つめてー
イナリでは自宅の離れにマイサウナが!!
これがあの別荘プライベートサウナ……!!
昔ながらの入り方よ
都会のサウナは電気式もあるけどここはもちろん薪式ストーブ
まずは前回の灰の掃除
灰は木の栄養になるから
ばさっ
火室にたっぷりと薪をくべる
カコン
カコン
都会では着火剤として新聞紙を使うんだけど木にささくれを作るのがラップランド式よ
くるん
ガリ
ガリ
かしこーい!
真似してやってみても…
シャ
シャ
鉛筆削り状態になってしまう…!
くず
くず

隣の釜で体を洗う用のお湯を沸かす
熱湯だから使う時は冷水を混ぜるの
冷水はどこから持って来ればいいと思う?
?
普通に水道水?
はっ
雪か!!
正解!
落ち葉などのない湖のまっさらな雪を集めておく
童心に返る～
ザックザック
床を掃除したら
さっさか
さっきの木くず
あとは火を点けて待つ!
手間かけて準備した分楽しみ!
ボオォ
2時間くらいで温まるけど一緒に入る?
…これは…!
フィンランド流「サウナのお誘い」…!!
ぜひ!!

● お供でサウナ ●

都会サウナは水着着用ですが ここでは当然 全裸
脱ぐ時間が寒い!!
一気に脱ぐのよ
ひぃぃぃぃ
ずぼっ
サウナの中は真っ暗 火室の火の明かりと小さな懐中電灯で辛うじて足元が見える
全裸ですが表現上バスタオルを巻かせていただきます
意外とお互い裸も見えないし楽
水をかけるわね
ゴオオォ..
ジュウッ
この行為や蒸気のことをフィンランド語で「ロウリュ」と言います
むわっ
これぞロウリュ…!
ロウリュ？
ルイルユ
もごもごっ
発音ムズ!
熱風が来ると暑いけどすぐに温度が落ち着く
お互い低温派だから
ちょうどいいわ〜
ジュワッ
しゅん
ジュワッ
しゅん
ゴオォォオオオォ….

タルちゃんの豆知識 フィンランド語には「整う」に当たる単語はありません。「いいロウリュだね」と楽しむのがフィンランド式のサウナです。

しばらくすると滝のように汗が…
そろそろ外で涼みましょう
そ！と!?
街灯もないし隣家は3キロ先というど田舎だからこその
ガチ全裸でマジ屋外!!
改めて、本当は全裸です
意外とイイ感じに涼しいーっ
…けど…
足つっめた
カッキーン
生雪。
こんな時のために…
ビーサン持参
きっもちーっごくらくーーっ
過酷な温度差に挑戦して感じた「整う」とは違って…
ぞわあっ
寒いから暑いサウナが気持ちいい
暑いから涼しい屋外が気持ちいい
ただシンプルに「快適」
それが旧式サウナの魅力でした

サウナの伝統入浴法

さて…この旧式サウナにはシャワーがない
脱衣場
汲んできた雪
お湯
ストーブ
意外にサウナ内でも溶けない!!
どうやって体洗うんだろう…
先に洗うわね
大きなタライに熱湯と雪を混ぜてお湯を作り
タライの中で洗髪
ざば ざば
わ…ワイルド…!
体も洗う
湯釜や雪にお湯・泡を飛ばさないよう注意
外国の人はこの洗い方になじみがないみたいなのよねぇ
サウナ後にシャワーに行くのよね
シャワーがないと洗えなくて…
確かにこれは難易度高い…
でも日本にはタライを使う習慣があるので
ざばば
比較的慣れてる方かも?
なんのその!!
フィンランドのサウナ文化と日本の湯船文化
こんなところにも共通点があるとは…!

サウナ文化について気になることがもう一つ……
昔はサウナの中で出産や葬儀もしたって読んだんですけど
そうね
それって…サウナが精神的にも"浄化する場所"とか"魂が裸になる"みたいな感覚ですか?
火と水と木の神聖な空間…
んーー…ていうか
昔は小さい家に大家族で住んでいたから
プライベート空間がサウナしかなかったのね
サウナはストーブもあるし快適な温度で使える貴重な個室だったの
古い習慣ってついその土地の宗教や精神性に絡めて深読みしてしまってたけど…
意外に単純な暮らしの知恵だったんですね

● 別れのコーヒー ラクシアイスカフヴィ ●

最終日
迎えのタクシー呼びました
じゃあ出発までコーヒーでも飲む？
フィンランドではお別れの時にコーヒーを飲むの
läksiäiskahvit
ラクシアイスカフヴィ
（お別れのコーヒー）
ボオオ
そう…フィンランド人は何かにつけてはコーヒーを飲む
コーヒー文化が根付いているので逆に定番のコーヒーチェーン店は少ないのです
Cafe
クッキーやチョコと一緒に最後のコーヒーを楽しむ
フサコが来てくれて良かったわ
まるで娘みたい
ウルルル
ブオォ
あら…タクシーが来たわね
いよいよ別れの時…！
うっ…！
と思ったら…
運転手さんもコーヒーに呼ばれる
……
……
なんか日本の田舎もこんな感じだよな…
お茶のんで行きんさいやー
お陰でゆっくりお別れできました

極夜旅行 #3

サンタクロースのロヴァニエミ

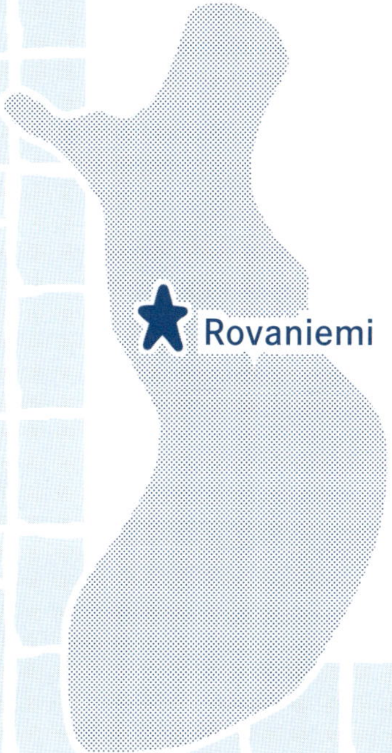

● サンタの聖地は意外と都会 ●

イナリからバスで南下すること5時間
ついに来たぁー!
Rovaniemi
ロヴァニエミ
サンタクロースの聖地ロヴァニエミ!!
サンタさんがいるくらいだから素朴な田舎のイメージだったけど…
普通に都会
ガヤ
ガヤガヤ
パッパー
ブオォォォ…
それもそのはずロヴァニエミはラップランド最大の都市
第2次世界大戦で街は壊滅
アルヴァ・アアルトの都市計画のもと復興した街には北欧らしい近代建築が並ぶ
アルヴァ・アアルト
フィンランドを代表する建築家
ショッピングモールもあるし
どーん
街灯もバッチリ
ぴかー
そして…もちろんここもオーロラ候補地
予報によると今夜はオーロラチャンス…!!
予報アプリによると…
○天気は晴れ!
○太陽も活発!!

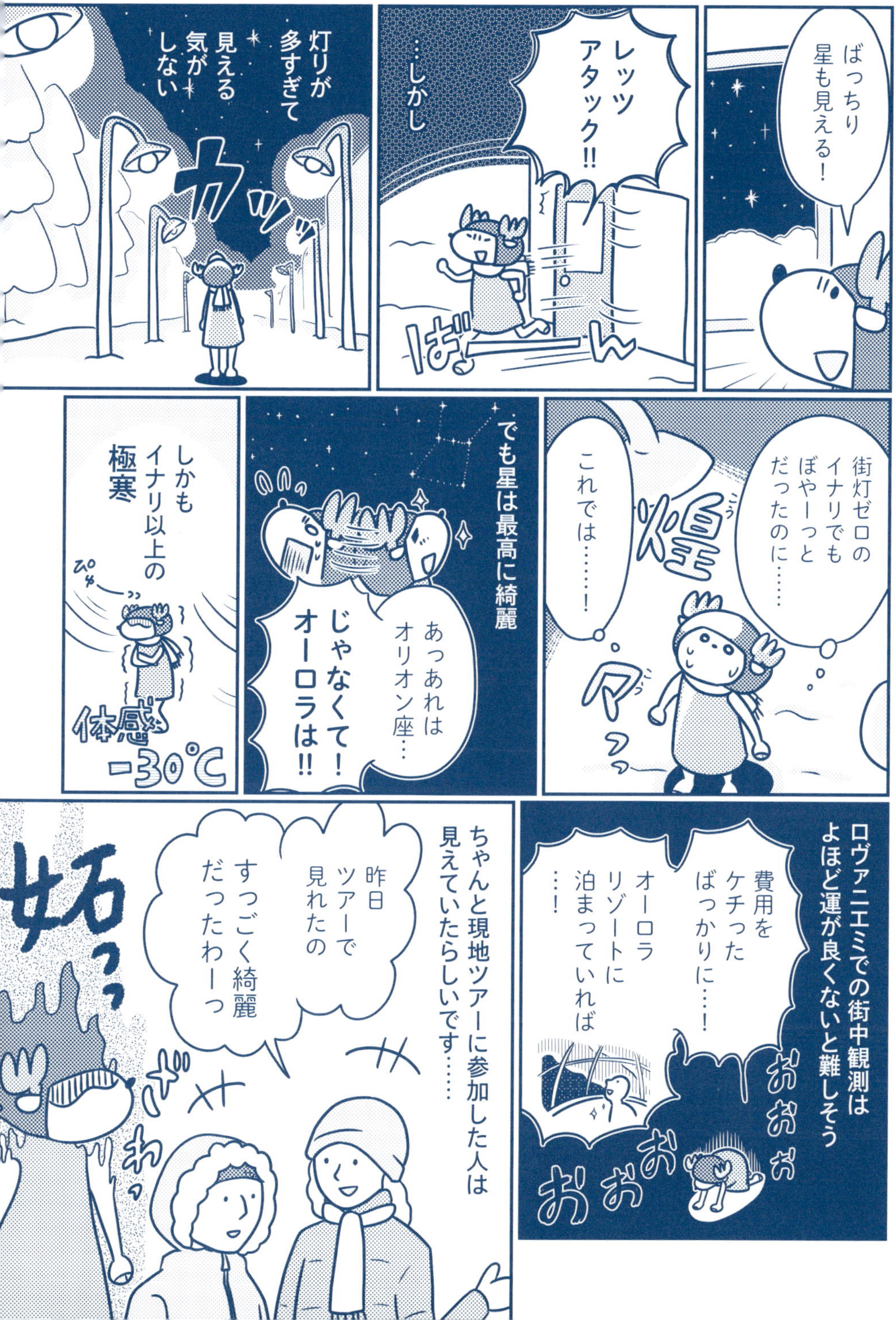
ばっちり星も見える！
レッツアタック!!
ばーん
…しかし
灯りが多すぎて見える気がしない
カッ
街灯ゼロのイナリでもぼやーっとだったのに……
これでは……！
煌《こう》
々《こう》
でも星は最高に綺麗
あっあれはオリオン座…
じゃなくて！オーロラは!!
しかもイナリ以上の極寒
体感-30℃
ロヴァニエミでの街中観測はよほど運が良くないと難しそう
費用をケチったばっかりに…！
オーロラリゾートに泊まっていれば…！
おおおおお
ちゃんと現地ツアーに参加した人は見えていたらしいです……
昨日ツアーで見れたのすっごく綺麗だったわーっ
ざわ
妬

● サンタさんに初！お目見え ●

オーロラが見られないとあれば
サンタクロース村を満喫するしかあるまい!!
血眼《ちまなこ》っ
北極線上にあるラップランドの定番スポット
北極圏
サンタクロース村
66° 32' 35"
一番の見どころは本物のサンタさん!!
どんなお方かしら…!!
ドキドキ
サンタクロース・オフィスに常駐している
ホッホッホッ
これは…サンタさんの話し声…!?
ドキドキドキドキ
通路を進んでいくと…
サンタさんの声
この扉の向こうにサンタさんが…!
ドキドキ
でっ……
でもいい大人が一人でサンタさんと何を話せば…!?
陰キャラ発動
やっぱやめよう…!
ガチャ

サンタァァァァ
やあ いらっしゃい
オーラに 吸い寄せられる!!
バババ
ぐるっ
はじめまして…♡
どこから来たんだい?
日本です!
この後の会話は夢と想像にお任せします…
エルフが写真を撮るからね
エルフ?

そう…この村で働く人たちはみんなエルフ
世界観
ちなみにサンタさんとの写真は有料販売
世界…観……!
€30～
大きいサイズやデータ販売も

サンタクロース・オフィス
Santa Claus Office

おおむね10:00-17:00
時期によって異なります
詳しくはサイトにて
https://santaclausoffice.com/

入場無料
記念写真は€30～

Joulumaantie 1
Arctic Circle, Rovaniemi
+358 20 799 999
info@santaclausoffice.com

● サンタクロース村のお店たち ●

他にもぜひ訪れておきたいのがサンタの郵便局
Santa Claus' Main Post
その場でクリスマスカードを買って手紙を出すことができる
サンタクロース村の消印がつく
ポストはクリスマス配達と通常配達とで分かれています
赤
黄
さらに魅力的なのが…
サンタさんからのお手紙!
申し込み用紙を書いてレジに提出
€8.9
クリスマス当日にサンタさんの手紙が自宅に届きます!!
日本語も選べます
クリスマス当日

オンラインでも注文できます
わー
むしろ私が子どもの頃欲しかった…
く

サンタクロース中央郵便局
Santa Claus' Main Post Office

おおむね10:00-17:00
時期によって異なります
詳しくはサイトにて
https://my.posti.fi/ja/santa-claus-main-post-office

サンタクロースからの手紙 €8.9
Tähtikuja 1, Arctic Circle
joulupukinpaaposti@posti.fi

村には他にも見どころ満載

巨大クリスマスツリーや
どーーん
世界各都市への標識
TOKYO・7390KM
パシャ パシャ
大きな雪だるまも…
ずおーん
…海外クオリティ
ちょっとコワイ…
マリメッコやイッタラのアウトレットまで
旧作30％オフ…！
ヘルシンキのアウトレットほど大きくないですが新作も揃っています
もちろん飲食店も充実
トナカイ肉バーガー
そして外を歩けば…
お土産屋さん
多すぎ
SOUVENIRS
SOUVENIR
さらに外はあまりにも寒いので
まんまと入るし
まんまと買ってしまう

● 犬ぞり＆トナカイそりライド！ ●

乗り物系
アクティビティも充実
まずは犬ぞり
距離が選べる形式
さぶ さぶ
500m
2km
5km
短いのにしとこ…
500mで
毛布をかけるわね
お姉さんの合図でスタート!!
Ahh!
おおおおお
ザザザザ
楽しいー!
けど
ゴオ

カーブのたびに壁に激突
あう、
ガン
舵が!
舵が欲しい!!
あう、
ゴン

ハスキーパーク
HUSKY PARK

冬季 11:00-15:00
夏季 11:00-14:00

入場 €10 + 犬ぞり €30〜

Joulumaantie 3, Arctic Circle
office@huskypark.fi
https://huskypark.fi」

楽しかったです!
スピードが出ちゃった

スリル満点のライドの後はハスキー犬を観察
ぱち
トコ
トコ
ちょこん…
じっ…
ズッキューン!!
かわいすぎるやろーーっ!!
そしてトナカイそりも
わーい
トッコ
トッコ
400m
トナカイの毛皮あったかーっ
ほかっ
トッコ
トッコ
トッコ

犬ぞりとうって変わって超まったり…
お尻が超かわいい
ふりふり
ふり
そしてこれタクシーにしたい!!

実はトナカイそりはラップランドの伝統ですが犬ぞりは観光客向けに輸入したものだそう
北アメリカ
ラップランド
確かに北欧の森であのスピードは出せないよな…

サンタクロース レインディア
SANTA CLAUS REINDEER

秋冬のみ 10:00-16:00
トナカイそり €18〜

Joulumaantie 13 Napapiiri
+358 40 833 9818
info@santaclausreindeer.fi
https://www.santaclausreindeer.fi

● 新設！ ムーミン スノーキャッスル ●

サンタクロース村に2018年12月にオープンしたばかりのムーミン スノーキャッスル!!
MOOMIN SNOWCASTLE
Snow and Ice Sculpture Exhibition
ムーミンキャラクターたちの雪像パークです！
ムーミンワールドはひとり旅にはハードル高いけど…これなら1人でも行けそう！
けっこう外れたところにあるんだなぁ…
ざく
ざく
D
カラフルなライトアップが見えたら到着！
ピカ
ほっ
チケット代わりに手にスタンプを押してもらう
再入場自由です
…手袋で隠れるぞ？
中には次々とおなじみのキャラクターたちの雪像がお出迎え！
顔の曲線の！再現度!!
キャー
ばっ
…けど寒すぎてカメラが持てない
ぶるる
ぼとっ

子どもが楽しめる仕掛けもたくさん
そりすべり
インタラクティブなゲーム
スケートリンク
…でも寒すぎて人がいない
しーん
みんなカフェに籠《こも》っている
ついでにトイレは仮設
ざぶ ざぶ
トイレ自体は日本のと同様
? 洗面台?
すっ
…じゃなかったぁあああ
ずざざざ
手洗いはなく消毒液のみ
小便器でした。
…と途上感はありますが夜はライトアップされ
19時までと他の施設よりも遅くまで営業しているので
ぜ! ひ! 行って!! おねがい!!
心配!!
ムーミン スノーキャッスル
Moomin Snowcastle
冬季のみ 9:00-19:00
入場料 €30
Arctic Circle, Rovaniemi
+358 50 409 7386
sales@moominsnowcastlefinland.com
https://moominsnowcastlefinland.com/en/

● ロヴァニエミの食べどころ ●

ロヴァニエミ市街地でランチ
さすが都会 外国料理店が多いなぁ
INDIA CURRY
THAI
せっかくだし地元っぽいところがいい
中華
ブラブラお店を探していると――やたら人気のカフェが！
その名もカフェ&バー21
21 cafe & bar
ワッフルがメインのカフェ
重箱の隅までおしゃれ
そこまでお腹すいてないし
サラダでメインはエビでわさびソース
うんまー
人気なのも納得！
ざっく
ざっく
ランチタイムはコーヒー・紅茶飲み放題
やったね

向かいにある中国茶・日本茶のお店のお茶も飲める
お湯ください
Tea
Tea
飲みなれた日本茶…体の奥から温まる……
ほっ……
カフェ&バー 21
Cafe & Bar 21
月・火 11:00-21:00
水・木 11:00-22:00
金 11:00-02:00
土・日 12:00-02:00
Rovakatu 21, Rovaniemi
+358 040 811 7037
info@cafebar21.fi
さてフィンランドは物価が高いので…
毎食外食はキツイ!
€
そこでロヴァニエミのスーパーへ
チルドコーナー
レンチンご飯いろいろある!
まずはスープ類
750Wで2〜3分
チーン
………
…また食べたいというほどではない…
どーーーん
フィンランドの郷土料理のミートボール
マッシュポテトとニンジンのつけあわせ
ぱく
ぱく
トマトクリームソース美味しい!
これはアリ!!
最後にラザニア
これは!クセになる!!
大アリ!!
Bolognese
ガッ
ガッ
あれこれ買って試すのも楽しいです!
ごめんなさい!!
でもそうだったんだ!!

● ロヴァニエミを乗りこなす ●

最後に移動手段のご紹介
ロヴァニエミ空港に降り立ったら
空港の出口を出ると目の前にエアポートバスが!
飛行機の時間に合わせていてくれる!
主要ホテルまで一律€7 それ以外なら€10~
ホテル名を運転手さんに伝え
○○ホテル
OK!
さぶ
さぶ
ホテルのすぐ近くで降ろしてくれます
HOSTEL
HOTEL
逆に市街地から空港まで乗る場合は…
出発前夜
…はっ
24時間前までにサイト上で予約が必要です!
わ!す!れ!て!た!!
ああああああ
フォームに飛行機の時間と乗車場所を記入し予約するシステム
24時間切るとエラー表示になる!!
あああ
ダメーッ
電話番号も書いてあるけど…
ポケットWiFiや海外SIMだと電話使えない…

流しのタクシー全然いない
Koskiタクシーの事務所へ行ってタクシーに乗りました
市街地から空港へは車で10分近い！
ほっ
続いてサンタクロース村は空港と市街地の中間地点
空港
サンタクロース村
市街地
公共交通機関で行けないもんだろうか
と調べてみると…
うーむ…
1時間に1本だけの路線バスが2路線ある！
・Santa's Express
7時〜18時
約1時間半おきに運行
・Linkkari 8番線
5時〜18時の間に
1時間おきに運行
助かるー！
＆
デザインかわいいー！！
なんとバスの到着時刻は主要駅しか決まってない
早めに待っとく！
寒いけど！
時刻はちょうど通学時間
自転車通学ならぬそり通学!?
すいーっ
犬の散歩も
寒いね！
犬の落し物は雪に蓄積
（臭くはない）
バスが来たら手を挙げて止めましょう
ブオォ…
あとはヘルシンキと乗り方は同じ！

タルちゃんにききたい！フィンランド 8

**Q フィンランドではクリスマスは
どんな風に過ごすの？**

A クリスマスは家族行事です！

フィンランドのクリスマスはイメージとして日本のお正月と似ています。家族みんなで集まって、伝統的な料理を食べたり、毎年恒例のテレビ番組を見たりします。

メインは24日のクリスマス・イブです。

私の実家では昼間はクロスカントリースキーをしたり、雪だるまを作ったりして外で遊びます。外で遊んだ後はクリスマス・サウナに入って体を温め、キレイめなお洋服に着替えて、みんなでクリスマス・ディナーを食べます。ディナーの後はリビングに集まって、プレゼント交換を行います。12月25日、クリスマスの日はイブのクリスマス・ディナーで余ったご飯を食べたり、親戚のお墓にろうそくをお供えに行きます。

Q サンタクロースはどんな存在？

A 良い子の家に来ますが、実は昔は…

プレゼント交換の時間に、小さな子どものいる家にサンタさんが実際に来てくれます（煙突からではなく玄関ドアからです）。

毎年、クリスマス・イブにはサンタさんがプレゼントを配りにでかける前に、サンタさんのお家からの生中継トーク番組が放送されます。子どもたちがサンタさんに電話して、生中継で質問をしたり、一緒にクリスマス・キャロルを歌ったりします。

今ではサンタさんは良い子にプレゼントを配る優しいおじいさんですが、遠い昔、フィンランドのサンタはヤギの角が生えた、悪い子を懲《こ》らしめる妖怪のような恐ろしい存在でした。

極夜旅行 #4

ヘルシンキ・リベンジ

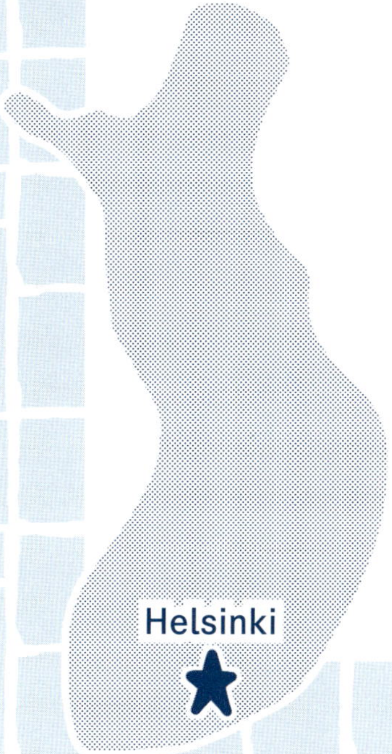

● ヘルシンキ再上陸！ ●

ロヴァニエミから飛行機でヘルシンキへ
Rovaniemi
Helsinki
なんとヘルシンキは…
吹雪
まっしろ
着陸するの!? これで!?
地面が見えない
オォォォォ
ゴォォォォォ
無事に着陸!!
拍手喝采!!
パチ パチ パチ パチ
フィンランドのパイロットレベル高え…!!
ヘルシンキはラップランドより暖かいけど降水量（降雪量）が多いので
20センチは積もってる
ずぼっ
夏の明るさとうって変わって
極夜の暗さと過酷な雪
ぜい ぜい
ゴリッ ズリッ
そして夏に来た時よりも
人が多い
ガヤ ガヤ
やっぱ夏はバカンスで人がいなかったのか…!!

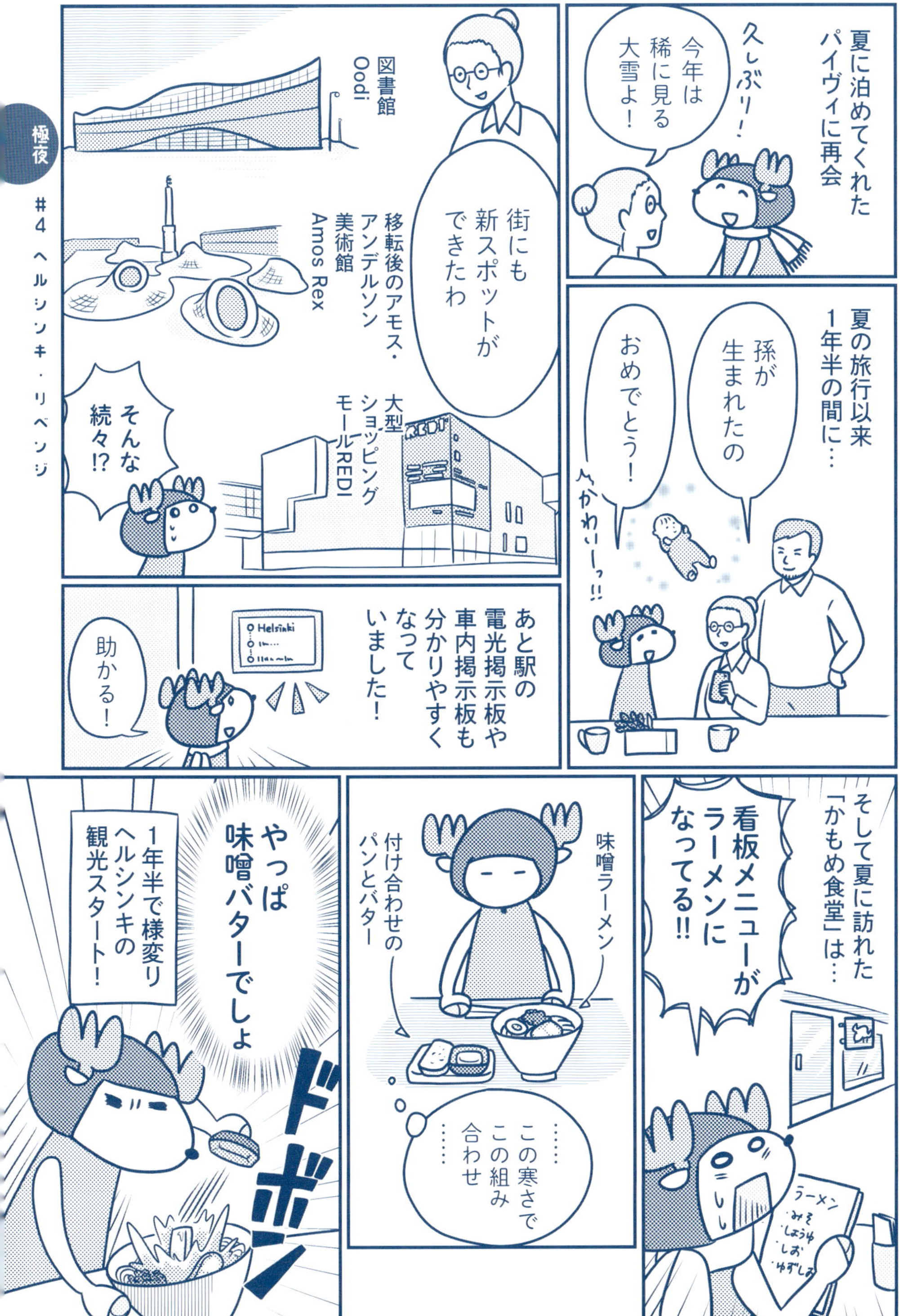
夏に泊めてくれたパイヴィに再会
久しぶり！
今年は稀に見る大雪よ！
夏の旅行以来1年半の間に…
孫が生まれたの
おめでとう！
かわいーっ!!
街にも新スポットができたわ
図書館Oodi
移転後のアモス・アンデルソン美術館Amos Rex
大型ショッピングモールREDI
そんな続々!?
あと駅の電光掲示板や車内掲示板も分かりやすくなっていました！
Helsinki
助かる！
そして夏に訪れた「かもめ食堂」は…
看板メニューがラーメンになってる!!
ラーメン
・みそ
・しょうゆ
・しお
・ゆずしお
味噌ラーメン
付け合わせのパンとバター
……この寒さでこの組み合わせ……
1年半で様変りヘルシンキの観光スタート！
やっぱ味噌バターでしょ
ドボン

● ヘルシンキのミュージアム ●

まずは前回行けなかった…
美術館を巡りたい!
北欧デザイン
賑やかなカンピ駅の周辺に3箇所
ヘルシンキ現代美術館
ヘルシンキ自然史博物館
礼拝堂
ヘルシンキ市立美術館
Kampintori駅
まずはヘルシンキ市立美術館略して「HAM」
Helsinki Art Museum
火〜日 11:00−19:00
月曜休館
入場料 €12
Eteläinen
Rautatiekatu 8, Helsinki
+358 9 310 87001
ham@hel.fi
https://www.hamhelsinki.fi
ムーミンの作者トーベ・ヤンソンの常設展示ではヤンソン作の壁画を展示
隅っこにムーミンが隠れています
このコーナーは日本語解説もありました
助かる〜
絵の解説ボード
そこから徒歩3分の自然史博物館
建物がレトロ!
入るなりゾウの剥製がお出迎え
ぱおーーん
おお!
臨場感たっぷりの剥製展示がずらり
ヘルシンキ自然史博物館
Luonnontieteellinen Museo
おおむね10:00-16:00
※季節により異なります
月曜休館
入館料 €15
Pohjoinen Rautatiekatu 13,
Helsinki
+358 29 412 8800
opastukset@luomus.fi
http://www.luomus.fi/en
化石もあるよ!

さらに5分ほど歩くと現代美術館「キアズマ」
キアズマ現代美術館
Kiasma
おおむね10:00-17:00
※曜日によって異なります
月曜休館
入場料 €15 第1金曜無料
Mannerheiminaukio 2, Helsinki
+ 358 294 500 501
info@kiasma.fi
https://kiasma.fi/ja/
アメリカの建築家スティーブン・ホールによる建物のデザインが秀逸
こちらは英語や日本語の解説はないので…
べっこうケバブ
独自の解釈でいくしかない…!
ムム…
最後にデザイン美術館
現代美術館
Lasipalatsi駅
Johanneksenkirkko 下車すぐ
・10番トラム
・24番バス
トラム・バスでも徒歩でも約15分
フィンランドの工業や建築のデザインを展示解説
NOKIA
イッタラ・ベースってこうやって作るんだ!!!
デザイン美術館
Designmuseo
《9月～5月》
火 11:00-20:00
水～日 11:00-18:00
月曜休館
《6月～8月》
11:00-18:00 休館なし
入場料 €12
月末火曜日17時以降 無料
Korkeavuorenkatu 23, Helsinki
+358 9 6220 540
info@designmuseum.fi
http://www.designmuseum.fi
ロッカー待ちができるほど人が

● ヘルシンキの新名所 ●

美術館巡りといえば最新のAmos Rexは外せない…が…
企画展示の合間の閉館期間
がくぅ…
せめて他の最新スポットは行くぞ…!!
ばっ
が
メトロのカラサタマ駅にできた大型モールREDI
REDI
ファッションショップはもちろん
H&M
Levi's
他にも日本にないファストファッションも
KappAhl
HALONEN
インテリア雑貨など
マリメッコ以外にも現地でメジャーなブランドあるんだ
PENTIK.
Finlayson
いろんなショップを一気に見たいなら便利です

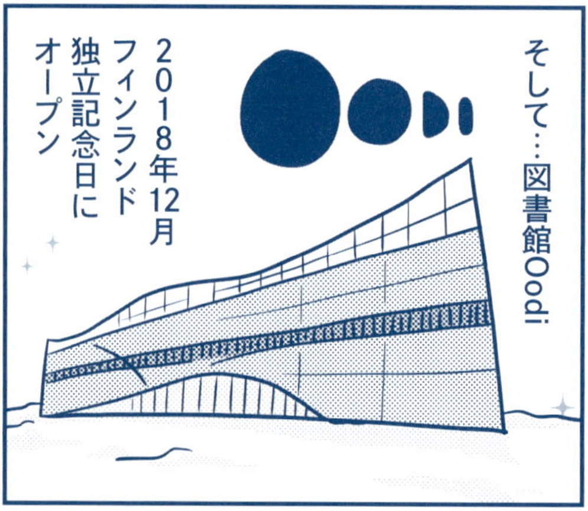

そして…図書館Oodi
2018年12月フィンランド独立記念日にオープン
Oodi

レディ
REDI

月〜金 9:00-21:00
土 9:00-18:00
日 12:00-18:00

Hermannin rantatie 5,
Helsinki
+358 44 755 4308
info@redi.fi
https://www.redi.fi/en

メトロ Kalasatama駅直結

木の曲線が美しい建物
さすがぁ…！
3階がメインの図書閲覧ゾーン
開放的で気持ちいい
カフェもあるのでコーヒーを飲みながら過ごせて
キッズスペースもある
2階は作業ゾーン
3Dプリンターなども
こんな施設が…無料で…！
しかもこの図書館…嬉しいことに
空港行きの電車のホームに直で行ける！
19
改札なしのフィンランドならでは
オーディ
Oodi
月〜金 8:00-22:00
土・日 10:00-20:00
Töölönlahdenkatu 4, Helsinki
+358 9 310 85000
oodi@hel.fi
https://www.oodihelsinki.fi/en

● 再・ヘルシンキの食べどころ ●

観光の合間にカンピ駅前でちょっと一休み
ふぅ。
Amos Rex横に飲食街が！
どのお店もおしゃれだなー！
restaurant
caffi
Reel One
カフェ ラスィパラツィ
café
スイーッ
は
焼きたて！
ご当地スイーツ ラスキアイス・プッラ！
クリィーム
見た目はシュークリームみたいだけど…
むちっ

むっちむちのパンの中にバター感のあるクリームとイチゴジャム
パンの塩気とクリームの甘みジャムの酸味が
合う〜！
パン
クリーム
ジャム

食べ方が難しいのでお気をつけて
ぼと
ぼと

café lasipalatsi

カフェ ラスィパラツィ
Cafe Lasipalatsi

月〜木 8:00 - 20:00
金 8:00 - 22:00
土・祝 9:00 - 22:00
日 11:00 - 18:00

Mannerheimintie 22-24, Helsinki
+358 20 7424 291
https://www.ravintolalasipalatsi.fi

タルちゃんの豆知識

ルーネベリタルトは、国歌の作詞者ルーネベリの誕生日2月5日に食べるお菓子。フィンランド風セムラのラスキアイス・プッラはイースターの7週間前に食べます。共に2月の定番です。

もう一つの定番お菓子が
ルーネベリタルト
どっしりタルトっぽい生地が
ずっと食べられるおいしさ！
スオメンリンナ島で食べたタルトを思い出す
ギャー
バターたっぷりー
さく
さく
これらのお菓子は
どこのお店でも
置いています！
この時期の定番！
そして
やはりヘルシンキも
アジア料理増えたなー
SUSH
そんな中
地元料理が
いただけるのが
Ilves
ILVES
ランチは3種類から
メインを選ぶ
キノコリゾット
前払い制

サラダ・スープ・パンの
バイキングつき
そしてメイン料理は
香草がアクセントになってておいしーー！
2度目の旅で
フィンランド料理のおいしさも
より分かるようになった気がする

ラヴィントラ イルヴェス
Ravintola Ilves

月～木　11:00–22:00 L.O.
金　11:00–24:00 L.O.
土　18:00–24:00 L.O.
日替わりランチ €9.5

Urho Kekkosen katu 4–6,
Helsinki
+358 9 774 67425
https://www.ravintolailves.fi

カンピ駅 徒歩5分

● タリンへ渡ろう ●

ヘルシンキに来たら
外せないのが
エストニアの首都
タリン！
Helsinki
Tallinn
バルト3国のひとつで
旧市街がまるまる世界遺産
ヘルシンキから
フェリーで2時間と近い
定番観光ルート
旧市街の外は
普通に都会
パッパーー
ガヤ
ガヤ
しかし
旧市街に入ると
メルヘン
かっわいい
いいいいいい
建物が
みんな違って
みんなかわいい
まずはメイン通りの
カフェでランチ
RUKIS
キャピィィ
ジィィィ
ック
内装が
100点
Sandwich
Soup
ニシンサンドが
ある……
リベンジして
みるか…！
ドキ
ドキ

どうぞ
ちっちぇえ
ちまっ
スマホサイズ
食べてみると
やっぱりしょっぺぇえ
パンはうめえ
がっ
がっ
RUKIS
ルキス
RUKIS
8:00-20:00 不定休
Emerana OÜ Viru 11, Tallinn
+372 517 3261
info@rukis.ee
https://rukis.ee/
ヴィル門から徒歩2分
続いて観光の定番スポットは「太っちょマルガリータ」と呼ばれる海洋博物館…ですが
…工事中…?
ざんねん
他にはとにかく教会が多い
だいたい€2前後で入れます
みんな違ってみんなステキ
ちなみに物価の安いタリンは買い物スポットとしても有力らしい
置き物
かわいい建物推し
TALLINN
TALLINN
北欧デザインって感じではなくなるなぁ
マトリョーシカ
ロシア文化の影響を受けてる?
そしてせっかく美しい街並みなのですが
雪で足元が怖い!!
景色を見る余裕がないので他の季節がおすすめかもしれません…
そろり…
そろり…

● 極夜旅行 こぼれ話 ●

白夜旅行が終わってから…
夏と逆に冬は日が昇らないのか
緑夜っていうのかぁー
詩的♡
オーロラの「緑」かな
謎の勘違い
そのまま1年が経ち…
ヨッシャー行くぞ冬のラップランド!
今度は緑夜!
ガイドブックで予習だ!
極夜ってどんな…
ガーン
えっ極夜!?
気づくまでいろんな人に誤情報をばらまいてしまいました…

極夜旅行 #5

極寒対策

● 北極圏の完全装備 ●

さて…
北極圏は
北海道以上の寒さ
甘く見たら
リアルに死ぬ
服装は
厳重にしよう！
ポイント①
重ね着して
空気の層を作る
厚手の1枚より
薄手の2枚！
服 空気 服 空気 服
手袋も
指が別れてないのが
オススメです！
ラジャー
指の間から
冷える
ポイント②
首と頭を守る
帽子が
ないと…
かき氷頭痛が！
ズキ ズキ
帽子は2重で
耳までカバー
首は
ネックウォーマー
これも2重＆
マフラー！
しかし顎が
寒いので…
隙間から
空気が
入って
くる
使い捨てマスク!!
日本人感
丸出しだけど
ポイント③
血流を冷やさない！
基本は
とにかく運動
えっほ えっほ
体のどこかが薄着でも
別のどこかが
汗ばむほど暖かければ
あつい
さむい
ずっと
外にいても
平気！
室内も
暑すぎる
くらいが
外に出た時
ちょうどいい
外
涼しい〜！
－20℃
しかし
着込んでいると
辛いのが…
バチ
バチ
静電気が
痛い!!

結局のところ スキーウエアが 防水性もあり 最強なので 持ってる人は ぜひそれを！
貸してあげる
トゥーラ…!!
北部の都市や スキーリゾートでは 防寒具のレンタル サービスもあるらしい
私は借りる暇が なかったので 全ての装備を 持参しました…
ぎゅう
ぎゅう
実際の服装
胴 あつい!!
手袋
もこもこダウン
帽子 2枚重ね
1枚＋フードでもOK!
頭 あたたかい
ダウンの中は6枚重ね!!
ウルトラライトダウン 2枚重ね
フード付き
フードなし薄め
セーター
綿シャツ
ヒートテック 2枚重ね
マフラー
ネックウォーマー 2枚重ね
使い捨てマスク
きせかえトナカイ
脚 さむい
ジーンズ
タイツ
靴下
足先 あたたかい
ダウン生地 ブーツ
裏地付き ロングブーツ
or
ぴゅ〜
これでも ロヴァニエミは 寒かった…

● 雪国の意外な大変さ ●

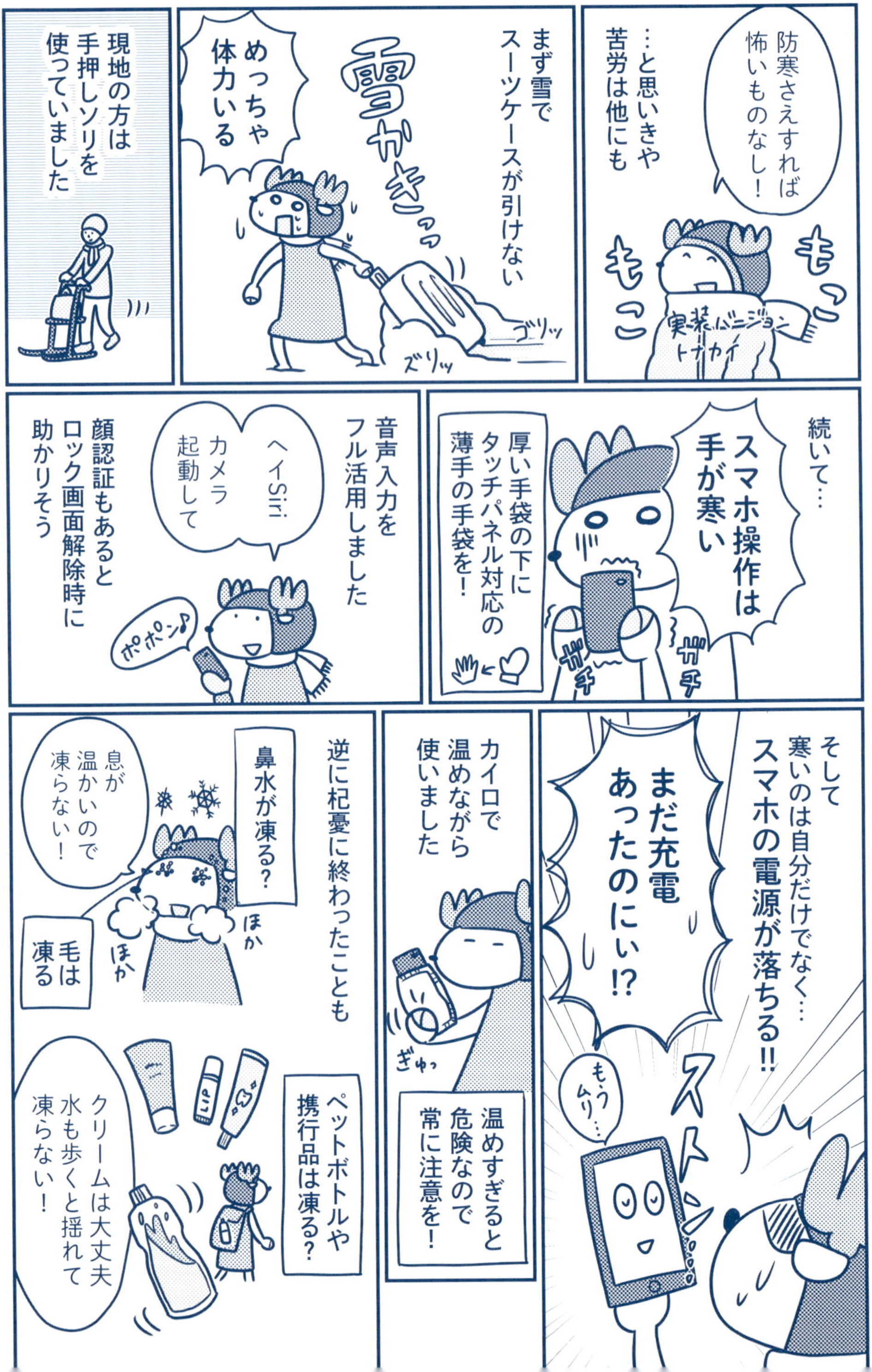

防寒さえすれば怖いものなし！
…と思いきや苦労は他にも
もこもこ
実装バージョン トナカイ
まず雪でスーツケースが引けない
雪かきっっっ
めっちゃ体力いる
ゴリッ
ズリッ
現地の方は手押しソリを使っていました
続いて…
スマホ操作は手が寒い
厚い手袋の下にタッチパネル対応の薄手の手袋を！
ガチガチ
音声入力をフル活用しました
ヘイSiri カメラ起動して
ポポン♪
顔認証もあるとロック画面解除時に助かりそう
そして寒いのは自分だけでなく… スマホの電源が落ちる!!
まだ充電あったのにぃ!?
もうムリ…
ストン
カイロで温めながら使いました
ぎゅっ
温めすぎると危険なので常に注意を！
逆に杞憂に終わったことも
鼻水が凍る？
息が温かいので凍らない！
ほかほか
毛は凍る
ペットボトルや携行品は凍る？
LIP
クリームは大丈夫 水も歩くと揺れて凍らない！

● 雪道の歩き方 ●

フィンランドのほぼ北端から南端までを渡った今回の旅
イナリ -20℃
ロヴァニエミ -25℃
ヘルシンキ -5℃
タリン 0℃
気温は当然北部で寒い
天気のせいかロヴァニエミの方が寒かった…
…けど道を歩くとなると
北
ざっくざっく
…雪深いけど気合いでいけるな
南
めっちゃ滑る!!
つる、つる、
意外にも南の方が危険!
…というのも人通りが多いほど雪が踏み固められて凍っていたり
カッチーン
溶けた雪のせいで道が濡れていたりする
べしゃあ…
水たまり
気を抜くと
するんっ
ヒップドロォーップ
どっすん
でも現地の人はスムーズに歩く
スタスタ
スタ
じーっ
どうやって歩いてるんだ…?
よちよち
どうやら踵を地面に這わせて滑るか確かめながら歩いているらしい
ここだ!!
ひょい
ガしっ
スリスリ
この歩き方をマスターすれば
さくさく歩けて観光しやすい!
すたすた
これだと前の足が滑っても後ろ足がちゃんと残っているので
転ばない!
つるんっ
あっ
しっかり!
こう歩くと…
同時に滑る!

タルちゃんにききたい！フィンランド 9

Q ヘルシンキでも雪はよく降る？

A 毎年降ります！

初雪のタイミングや雪が積もりだす時期は年によって大きく異なりますが、毎年必ず降ります。積もる量も年によって異なります。

２０１８年～２０１９年にかけての冬はものすごい大雪で、市が雪の処理に困っていました。車が雪に埋もれたり、トラムの線路が雪に隠れて走れなかったりと、交通機関にも影響が及びました。

雪は街灯や月の光を反射するので、雪が積もっている方が街中も明るく感じます。

フィンランド人は雪が大好きで、降るとテンションが上がります！　積もった雪を見ると、穴を掘って遊びたくなります。

Q オススメの防寒方法を教えて！

A とにかく重ね着です！

建物の中はちゃんと暖かいので、脱ぎやすいようボタン付きのセーターなどがおすすめです。日本で販売されている、コートの下に着られる薄いダウンベストも私の中では必須アイテムです。家族にもお土産にプレゼントしました。

ボトムスは、寒い日にはパンツの下にタイツ2枚を着込むこともあります。

外では手袋、マフラー、帽子も必ず被ります。

冬のラップランドはマイナス30℃になることもあります。平気そうなフィンランド人もいますが、私は顔や喉が痛くなってしまうので、外出時にはマフラーで顔を半分隠してしまいます。

旅のしおり

●ヘルシンキ空港●

本編で書いた通り
ヘルシンキ空港は
意外と日本から近い
ヘルシンキ
10時間
東京
名古屋
大阪
福岡
ヘルシンキからは
ヨーロッパの
百都市以上に出る便があり
乗り継ぎの経由地としても
超便利
さらにフィンランドは
シェンゲン協定加盟国なので
他の加盟国には
パスポートチェック
なしで行けちゃう!
めっちゃ楽!!
エストニアのタリンもです。
↓P.128
搭乗口内には
ムーミンショップや
マリメッコの店がある
marimekko
Moomin Shop
高級ブランドの免税店はもちろん
フィンランドのバッグのブランド
GOLLAのポップアップも
帰る直前で散財してしまう
ちなみに空港は
2022年ごろまで
第2ターミナルを
拡張工事中
広くなった空港は
移動にも時間がかかるし
動線も工事状況で変わる
可能性があるので
2022年
第2ターミナル
第1ターミナル
2021年
2021年
最新情報を
チェックしながら
早めに行動
しましょう!

● ヘルシンキ市内 乗車券 ●

ヘルシンキ近郊の公共交通機関はHSLという会社が運営
HSL HRT

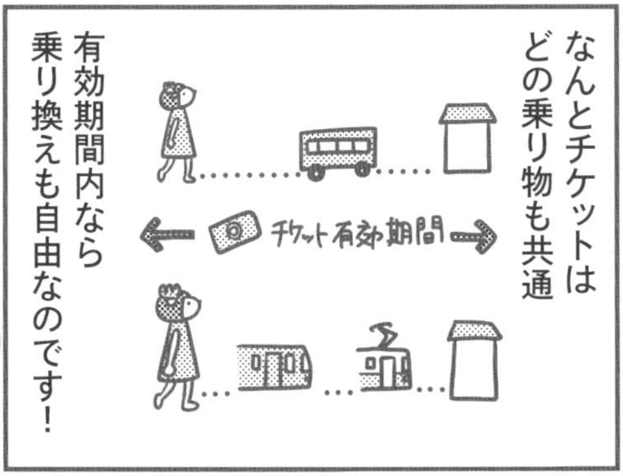
なんとチケットはどの乗り物も共通
チケット有効期間
有効期間内なら乗り換えも自由なのです！

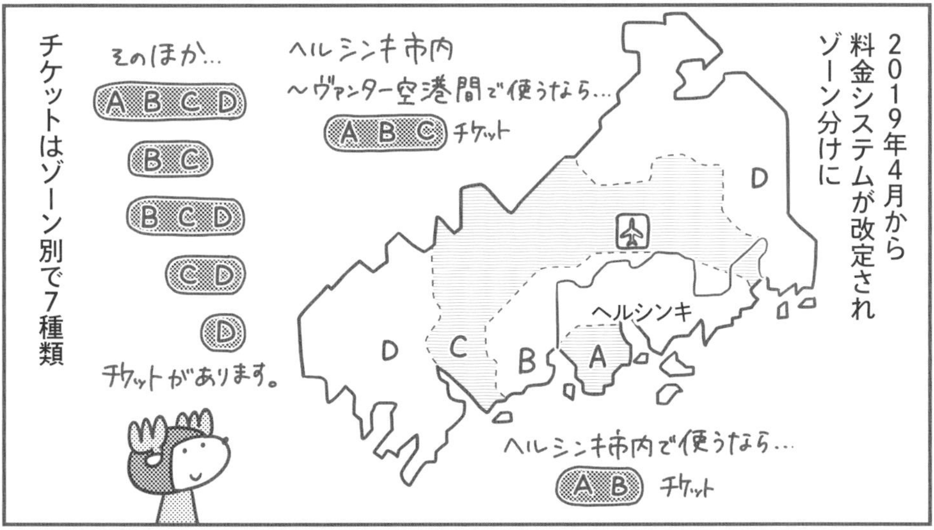
2019年4月から料金システムが改定されゾーン分けに
ヘルシンキ市内～ヴァンター空港間で使うなら…
A B C チケット
D
ヘルシンキ
D
C
B
A
ヘルシンキ市内で使うなら…
A B チケット
そのほか…
A B C D
B C
B C D
C D
D
チケットがあります。
チケットはゾーン別で7種類

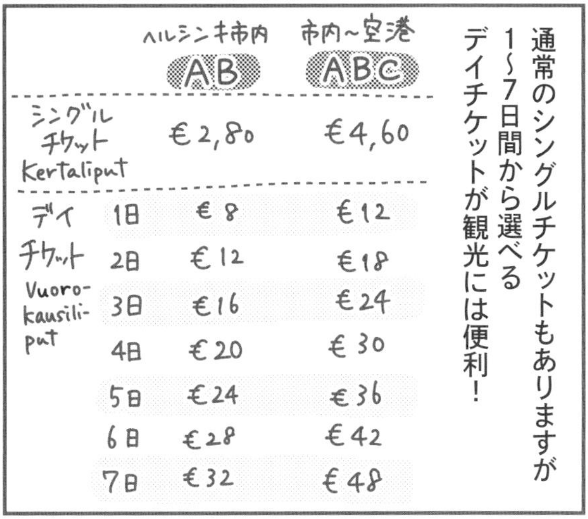
通常のシングルチケットもありますが1～7日間から選べるデイチケットが観光には便利！

		ヘルシンキ市内 AB	市内～空港 ABC
シングルチケット Kertaliput		€2,80	€4,60
デイチケット Vuoro-kausili-put	1日	€8	€12
	2日	€12	€18
	3日	€16	€24
	4日	€20	€30
	5日	€24	€36
	6日	€28	€42
	7日	€32	€48

料金ステムは今後また改定されるかもしれません
HSL app
アプリ内は英語です。
公式の乗換案内アプリもあるので最新情報の参考に！

● クレジットカード ●

北欧は超！
クレジットカード文化！
0123 4567 890
クレジット払いが基本で
現金はむしろマイナー
数百円の
買い物でも
カードで
支払います
それゆえ最近は
タッチするだけで
支払える機能が主流に
ピッ!
ICチップで
利用する場合
カードは
自分で挿します
カショ
店員さんには
渡さない
・言語を選択
・暗証番号を入力
・場合によっては
通貨も選択します
ピ ピ ピ ピ
この文字が出たら
自分でカードを抜き取る
レシートが欲しければ
店員さんに伝えます
Remove Card
0123 4
receipt
（レシート）
普及しているのは
VISAとマスターカード
それ以外の
カード会社では
使えないことが
多いです
VISA
mastercard.
チップ文化もなく
消費税込みの
値段表示なので
買い物
めっちゃ楽～
他の国だと
どのコインがいくらのだ？？
クレジットカードの
限度額と
海外で使える設定か
事前にチェックして
持っていきましょう！

● 税金キャッシュバック ●

税金の高いフィンランドですが免税店で€40以上買えば税金のキャッシュバックが受けられます
なるべく一つのお店でまとめて買う!
会計時に免税書類をもらい
見るからに観光客なので何も言わなくてもくれた
レシート用紙に似ているのでうっかり捨てないよう注意
名前や住所等を記入
EU圏から出るときに空港の窓口へ
TAX REFUND
GLOBAL BLUE
このとき
・免税書類
・パスポート
・搭乗券や予約メール
・商品の袋(未開封)
が必要です!
TAX REFUND
商品をスーツケースに入れてしまわないよう注意
その場で現金で受け取ることもクレジットカードの口座への返金も可能
だいたい商品代の1割ぐらい
10
10
10
ちなみに窓口だけでなく申請用のタッチパネルの機械もあります
日によっては窓口・機械ともに大行列します
申請するなら出国時早めに空港に向かいましょう
30分待ち!!
ずら——!!

● 通信環境 ●

デジタル化が進んでいる
フィンランドでは
通信網も充実！
お店はもちろん
長距離バスの中でも
フリーWiFiが
飛んでいます
フィンエアー
機内も有料で
WiFiが使える！
しかし日本の
4G LTEに
慣れていると…
ぐる
ぐる
遅いなぁ…
なので一応WiFiは
自分で用意しておく方が安心
ポケットWiFiなら
空港窓口
だけでなく
郵送で受取・返却
できるものも
あって便利です！
モバイルバッテリーや
変圧器もセットで借りられます
電源はCタイプ
220/230V、50Hz
リチウム
バッテリーは
預けてはダメ
です
あとはスマホ用の
SIMカードを買って
挿し替える手も
最近は大手キャリアの
スマホでもSIMロックを
解除できる場合があります
通販サイトで
海外用のSIMカードが
売っているので
それを買って行ったり
ポチ
現地のコンビニ
R-kioskiで
プリペイドSIMを
買うことも
できます
SIM
細かい作業だし
スマホの設定も
いじる必要があるので
ちょっとハードルが
高いですが
圧倒的に安いです
うまく
できます
ように…
ドキ
ドキ

● 旅の言語 ●

公用語はフィンランド語ですが旅行中は基本的に英語
店員さんも通りすがりの人もみんなペラペラ…！
ペラペラ
キャ
お年寄りでも
ペラペラペラ
レベル高ーー!!
優しい人が多いので英語でだいたい解決します！
案内などの表記はフィンランド語以外にスウェーデン語やロシア語が併記されていることが多いです
駅の案内板
Lentoasema
Flygplatsen
↑空港駅
ミュージアムの解説
日本語はあまりない…
電車などの駅名はフィンランド語と併せてスウェーデン語が書いてあるので
ヘルシンキ中央駅 Helsingin päärautatieasema Helsingfors centralstation
カンピ駅 Kamppi Kampen
ヘルシンキ大学駅 Helsingin yliopisto Helsingfors universitet
惑わされないよう注意…！
フィンランド語を読む場合は
・基本的にはローマ字読みと同じ
・jはYの発音
・アクセントは全て単語の頭
単語は複雑ですが発音はシンプル！
キートス
Kiitos（ありがとう）
ヤパニライネン
Japanilainen（日本人）
ちなみに…
なんでみんなそんなに外国語が話せるの…？
フィンランドは国産のテレビ番組が少なくて海外の番組の字幕放送が多いんですよ！

● お風呂と水 ●

フィンランドのお風呂は基本的にバスタブ無し
サウナが代わりになってるのかな
トイレ一体型のシャワーが多いです
シャワーとトイレの間に一切の仕切りがないパターンも
水かき常備
お湯はしっかりたっぷり出る！
ほかぁ
寒いし助かるぅ
ちなみに冬でも室内はちゃんと温かいです
寒いのは外だけ
温水ヒーターの威力すごい
お湯は硬水なので
日本のシャンプーが泡立たない…！
しょぼ
しょぼ
なのでソープ類は備え付けがあれば拝借しましょう
スーパーで小さめサイズも売っています
200ml
水道水は飲料水として飲める品質なので安心です
なので水に溶かす日本茶など持参すれば
部屋の水道で飲める！
ほっこり
茶

● トイレ ●

フィンランドの
トイレは
おなじみの洋式
もちろん日本ほど
ハイテクではないけど
たいてい清潔に保たれています
フィンランドで
気をつけたいのは…
寒くてトイレが
近くなる!!
しん
しん
しかし小さい
商業ビルだと
トイレがない!!
このビル
カフェ入ってるのに
なんでトイレないの
1F
他の国では
有名観光スポットには
客用トイレがあるけど
教会なども
小さいのばかりで
トイレは
ない!
美術館などの
広い施設や
レストランは
貴重なセーブポイント
WC
しかし…
寒くなって
きたから
カフェ入ろ
CAFE
そこで出てくる
ドリンクが
なみなみ
だから
また近く
なっちゃう
どん
トイレ
チャンスがあれば
逃さず行きましょう
WC

● 周辺国への移動 ●

せっかくなら他の北欧諸国も回りたい!
ヘルシンキから北欧3カ国+タリンへの行き方をご紹介!
ノルウェー
首都オスロは賑やかな大都会
西海岸のフィヨルドは見もの!
スウェーデン
キュートな街並みで有名
物価が安いので
フィンっ子も買い物に!
エストニア
首都タリンの旧市街は
街ごと世界遺産!
ヘルシンキ Helsinki
ベルゲン Bergen
オスロ Oslo
ストックホルム Stockholm
タリン Tallinn
ヨーテボリ Göteborg
ビルン Billund
コペンハーゲン Copenhagen
デンマーク
童話作家アンデルセンの人魚姫像
チボリ公園など有名観光地が豊富!

ノルウェー

オスロ
飛行機 1時間30分 AY, SK, DY

ベルゲン
飛行機 2時間 AY

スウェーデン

ストックホルム
飛行機 1時間 AY, SK, DY
船 17時間45分

ヨーテボリ
飛行機 1時間30分 AY

デンマーク

コペンハーゲン
飛行機 1時間40分 AY, SK, DY

ビルン
飛行機 1時間50分 AY

エストニア

タリン
飛行機 30分 AY
船 2時間

航空会社 AY:フィンエアー(ワンワールド) SK:スカンジナビア航空(スターアライアンス)
DY:ノルウェー・エアシャトル Norwegian (LCC)

● 都市間の移動 ●

フィンランド国内は30近い空港がありフィンエアーが繋いでいます！
フィンランド鉄道（VR）や長距離バス、深夜便もあります！

ロヴァニエミ→イナリ

5時間　フリーWiFiあり　車内トイレあり　休憩2回あり

ヘルシンキ→ロヴァニエミ

1時間20分（ロヴァニエミ空港）

12時間30分

13時間

この区間のみ、フィンエアーの他にLCCのNorwegianがあります

ヘルシンキ→イナリ

1時間40分（イヴァロ空港）
空港からバスで30分

その他の主要観光都市とヘルシンキからの行き方

タンペレ / Tampere

フィンランド第2の都市
ムーミン美術館や自然が見どころ

35分（タンペレ空港）

2時間10分

2時間15分

サーリセルカ / Saariselkä

冬はオーロラ鑑賞とウィンタースポーツ
秋はハイキングの定番リゾート

1時間30分（イヴァロ空港）
空港からバスで20分

ロヴァニエミから3時間30分

トゥルク / Turku

国内最大級のトゥルク音楽祭やRuisrockフェスが夏に開催

35分（トゥルク空港）

1時間50分

2時間10分

レヴィ / Levi

オーロラリゾートとして
定番化してきている新名所

1時間30分（キッティラ空港）
空港からバスで10分

15時間

ロヴァニエミから2時間20分

経路の比較には「Rome2rio」というサイトが便利です（英語） https://www.rome2rio.com/

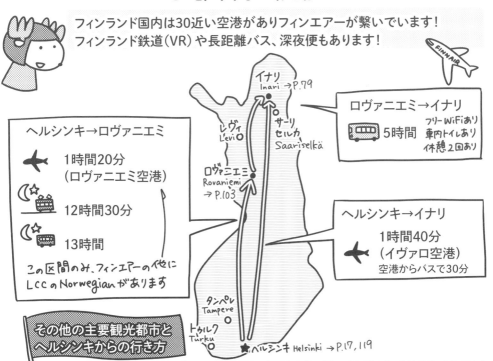

● 旅するトナカイの旅MAP ●

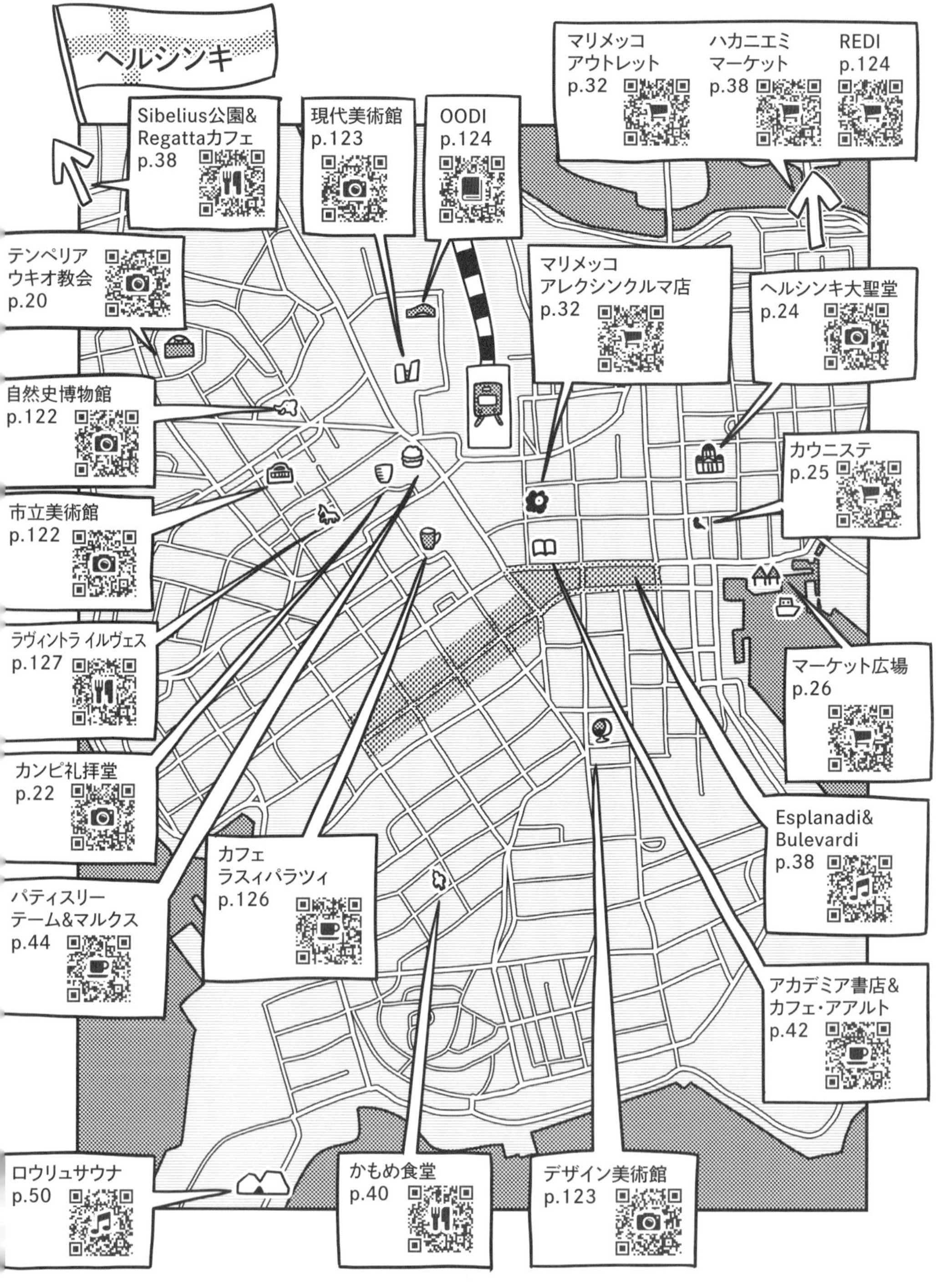

ロヴァニエミ

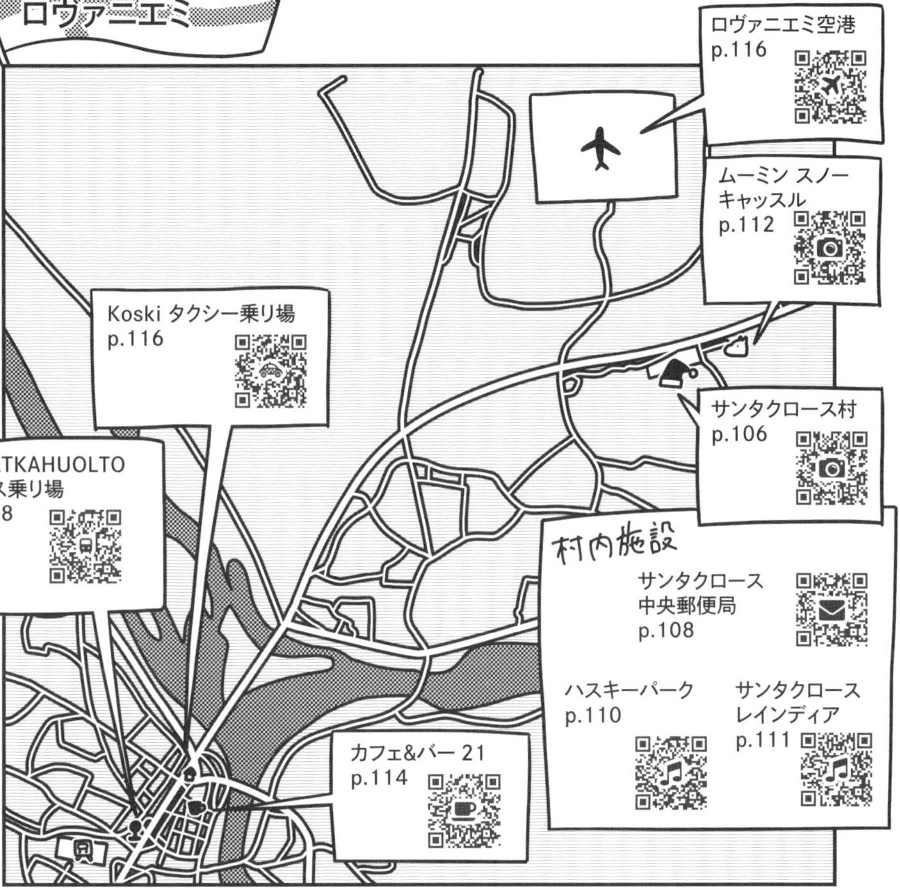

イナリ

SIIDA
p.90

スオメンリンナ島

軍事博物館
p.28

ヴェシッコ号
p.29

カフェ・パイパー
p.30

タリン

RUKIS
p.129

あとがき

『はじめてフィンランド～白夜と極夜 ひとり旅～』を
手にとってくださり、ありがとうございます。

私が初めてフィンランドを訪れたのは2017年の夏。
当時はまだまだ他の定番観光地に比べて日本語の観光情報が少なく、
北欧ブームが続いていたとはいえ
不安なことや戸惑うことも多くありました。
帰国後、私と同じように困っている人がいるかもしれない、
他の旅行者の方に私の発見や失敗を役立ててほしい、という想いから
旅行中の体験を漫画にしてインターネット上で発信していきました。

そしてその漫画を今、縁あってこのように
出版物という形でみなさまの手元に届けることができ、
フィンランドは私にとって特別な、思い出深い国になりました。
フィンランドと日本との外交関係樹立100周年という年に
この本が完成したことも、なにかの縁かもしれません。

昔から漫画が大好きで、漫画家になることを夢見ていた小学生時代。
しかし自分の力に自信が持てず、いつしか幼い夢など忘れて会社勤めを始めました。
そこで仕事に打ち込み、タルちゃんと知り合えたおかげで
本書が完成しているということに
つくづく、人生の全てがつながっていくこの世の不思議を感じます。

最後になりましたが、監修を快く引き受けてくださったタルちゃん、
編集の神崎夢現さま、河出書房新社さま、
楽しい旅の思い出を作ってくれたホストのPäiviとその家族およびヘルパーさん、
イナリの美しい自然と伝統的な暮らしを体験させてくれたTuula、
漫画制作を応援してくれた家族と友人たち、アルパカさん、
ブログや同人誌で旅行記を読んでくださり応援してくださったみなさま、
そしてこの本を手にとってくださったみなさま、
美しく穏やかなフィンランドの国とそのみなさまに
心から感謝申し上げます。

少しでもこの本をお楽しみいただければ、
そして旅のお役に立てれば幸いです。

トナカイ フサコ

★参考文献・参考サイト
『地球の歩き方 北欧』ダイヤモンド社
『公衆サウナの国フィンランド 街と人をあたためる、古くて新しいサードプレイス』
こばやしあやな 学芸出版社
[フィンランド政府観光局 VisitFinland.com] http://www.visitfinland.com/ja
[QRのススメ] http://qr.quel.jp

写真: イナリの凍った湖の上

Profile

トナカイ フサコ [著]

兵庫県神戸市出身。ひとり旅が趣味。2016年に脱サラし、翌年に初のフィンランド旅行へ。帰国後、旅行記のエッセイ漫画を描き始めネットで発表。2017年冬コミにて「白夜旅行記」発売。ブログ・Pixivにて連載中。

[ブログ] http://www.fusakonoblog.com
[Twitter] @fusakonomanga
[instagram]tabisurutonakai

ヨキネン タル [監修]

南西フィンランド生まれ、トゥルク近郊の田舎町育ち。2008年に留学のために初来日し、2012年から日本に住み始める。5ヶ国語を話し、日本語もペラペラ。音楽鑑賞と猫が生き甲斐。

※本書の「白夜旅行」は2017年6月、「極夜旅行」は2019年1月の旅行での体験を基にしています。最新の観光情報と異なる場合がございますのでご旅行の際には最新情報をご確認ください。

はじめてフィンランド
〜白夜と極夜 ひとり旅〜

2019年6月20日 初版印刷
2019年6月30日 初版発行

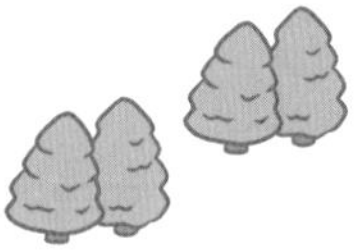

著　者　トナカイ フサコ
監　修　ヨキネン タル
発行者　小野寺優
発行所　株式会社河出書房新社
〒151-0051
東京都渋谷区千駄ヶ谷2-32-2
03-3404-1201[営業]
03-3404-8611[編集]
http://www.kawade.co.jp/

編集・デザイン　神崎夢現[mugenium inc.]
本文組版　小石和男
企画　mugenium inc.
写真　トナカイ フサコ・Shutterstock.com

印刷・製本 三松堂株式会社

Printed in Japan
ISBN 978-4-309-28739-3